EINE KURZE GESCHICHTE DER ARCHI-TEKTUR

Laurence King Verlag GmbH
Jablonskistraße 27, 10405 Berlin
www.laurencekingverlag.de

Laurence King Publishing ist ein Imprint von:
The Orion Publishing Group Ltd
Carmelite House, 50 Victoria Embankment
London EC4Y 0DZ
Ein Unternehmen von Hachette UK

Für die deutsche Ausgabe:
Übersetzung: Sarah Pasquay, Hildesheim
Lektorat: hauffe publishing, Dortmund
Satz: Igor Divis, Dortmund
Projektleitung: hauffe publishing, Dortmund

ISBN: 978-3-96244-110-4

Gestaltung: John Round Design
Herstellung: DL Repro, UK
5. Auflage 2024
Gedruckt in Dubai bei Oriental Press

www.laurenceking.com
www.orionbooks.co.uk

S.10 *Zollverein School of Management and Design*, SANAA, Essen
S.52 *Wainwright Building*, Adler & Sullivan, St. Louis
S.162 *Königspalast*, Architekt unbekannt, Fez
S.190 *Guggenheim-Museum*, Frank Gehry, Bilbao

EINE KURZE GESCHICHTE DER ARCHI-TEKTUR

Ein Überblick über die wichtigsten Stile, Bauwerke, Elemente und Materialien

Susie Hodge

Aus dem Englischen von Sarah Pasquay

Laurence King Verlag

Inhalt

ELEMENTE

MATERIALIEN

Einleitung

FRANK GEHRY: „ARCHITEKTUR SOLLTE IMMER AUSDRUCK IHRER ZEIT UND UMWELT SEIN, ABER NACH ZEITLOSIGKEIT STREBEN."

Die Architektur, die ursprünglich als Schutz vor den Elementen erschaffen wurde, hat sich im Laufe der Zeit weiterentwickelt und den Bedürfnissen ihrer zahlreichen Nutzer angepasst. Von den frühesten Wohnhäusern bis hin zu modernen Türmen aus Stahl und Glas haben sich in der gebauten Umwelt stets menschliche Bemühungen und Errungenschaften manifestiert. Die gelungensten Bauten bestechen dabei durch ihre Ausgewogenheit von Form, Funktion, Struktur und Ästhetik.

Zunächst dienten Gebäude als Zufluchtsorte, doch schon bald begann man komplexere Bauten für religiöse Rituale zu errichten – diese gehören zu den ältesten noch erhaltenen Bauwerken. Die frühesten uns bekannten Monumentalbauten entstanden in den alten Kulturräumen Mesopotamien und Ägypten: aus Backstein errichtete Zikkurats (Tempel) in Mesopotamien und steinerne Mastabas (Grabbauten) in Ägypten. Die Mesopotamier waren auch die Ersten, die sich mit Stadtplanung beschäftigten und die „das Handwerk des Bauens" als göttliche Gabe betrachteten.

Die Baukunst blühte weiter auf, und um 30–15 v. Chr. verfasste der römische Architekt und Ingenieur Vitruv die Abhandlung *De Architectura*, die als erste Schrift über Architekturtheorie gilt und mehr als tausend Jahre lang maßgeblichen Einfluss auf Architekten der westlichen Welt ausübte.

Bis heute bringen menschliche Bedürfnisse einige der innovativsten architektonischen Lösungen hervor. Dieses Buch präsentiert viele bemerkenswerte Ideen, die in den vergangenen 4.000 Jahren umgesetzt wurden. Mit Hilfe eines einzigartigen Systems aus Querverweisen stellt es die Geschichte der Architektur dar und untersucht einige der bekanntesten Bauwerke, Stile, Elemente und Materialien weltweit.

Stile

FRANK LLOYD WRIGHT: „DIE ARCHITEKTUR IST DIE MUTTER DER KUNST. OHNE EINE EIGENE ARCHITEKTUR IST UNSERE KULTUR SEELENLOS."

Bestimmte Zeiten bringen bestimmte Baustile hervor, die durch charakteristische Merkmale gekennzeichnet und in deren Entstehung allerhand Faktoren, etwa Technologie, Materialien und die Vorstellungskraft der Architekten eingeflossen sind. Wenn Kulturen sich verändern, verschmelzen sie oder lernen voneinander, wie im Falle der antiken griechischen und römischen Kultur. Oder aber sie entstehen aus der Ablehnung vorausgegangener Ideen, so wie die Postmoderne eine Reaktion auf die Moderne darstellt. Einige Baustile zeichnen sich durch komplett neue Ansätze und Methoden aus, während andere, wie der Neoklassizismus und die Neugotik, auf frühere Baustile zurückgreifen. Jede Wiederbelebung unterscheidet sich jedoch vom Original und spiegelt die Bedürfnisse und Technologien ihrer eigenen Zeit wider. Einige Stile bleiben auf bestimmte Orte beschränkt, etwa die Khmer-Architektur oder die Chicagoer Schule. Viele entstehen als Folge wichtiger architektonischer Neuerungen und einige durch Wanderbewegungen und dem daraus folgenden Kulturaustausch, etwa die maurische Architektur. Einige Baustile werden erst weit nach ihrer Entstehung benannt, so wie die Renaissance; andere erhalten ihren Namen noch während sie entstehen, etwa der Brutalismus. Auch wenn sich diese Stile oft überschneiden, helfen sie doch, Klarheit in die Geschichte der Architektur zu bringen. In diesem Teil des Buches werden die wichtigsten Baustile in weitestgehend chronologischer Abfolge vorgestellt.

Bauwerke

ALVAR AALTO: „OBERSTES ZIEL DES ARCHITEKTEN IST ES, EIN PARADIES ZU ERSCHAFFEN. JEDES HAUS, JEDES ARCHITEKTONISCHE ERZEUGNIS SOLLTE DIE FRUCHT UNSERES BEMÜHENS SEIN, DEM MENSCHEN EIN PARADIES AUF ERDEN ZU SCHAFFEN.“

Architektur ist eine Mischung aus Kunst und Wissenschaft. Sie hat sich aus dem Bedürfnis des Menschen nach Schutz und Sicherheit, aus dem Wunsch nach religiöser Verehrung und den vorhandenen Rohstoffen und Fähigkeiten entwickelt. Durch die Herausbildung verschiedener Kulturen wurden Wissen und praktische Kenntnisse erworben, Traditionen begründet, verbreitet und weiterentwickelt. So etablierte sich die Architektur. In diesem Teil des Buches werden 50 bedeutende Bauwerke aus unterschiedlichen Zeiten und Orten vorgestellt, darunter einige der weltweit berühmtesten und viele, die erstmals bestimmte Ideen, Materialien, Formen oder Techniken nutzten. Die frühesten Baumeister arbeiteten nach dem Prinzip Versuch und Irrtum. Nachfolgende Architekten lernten aus den Theorien und der Praxistauglichkeit, den Niederlagen und Erfolgen ihrer Vorgänger. So konnte sich die Baukunst in verschiedene, kühne Richtungen entwickeln. Die hier vorgestellten Beispiele sind wichtige Werke der Architekturgeschichte, für die häufig innovative Materialien und Methoden genutzt wurden. Auch die Fähigkeiten, Ziele und Neuerungen des jeweiligen Architekten werden beleuchtet.

Elemente

ZAHA HADID: „ICH DENKE NICHT, DASS ES IN DER ARCHITEKTUR NUR UM SCHUTZ ODER EINE SIMPLE BEHAUSUNG GEHT. ARCHITEKTUR SOLLTE BEGEISTERN, BERUHIGEN, ZUM NACHDENKEN ANREGEN."

Ganz wesentlich für die Architektur sind die verschiedenen Bauelemente oder Bestandteile eines Gebäudes. Dazu zählen Balkone, Bögen, Türme, Treppen, Arkaden, Innenhöfe und Säulen. Einige Elemente sind ungewöhnlich oder werden nur für bestimmte Gebäudearten benutzt, etwa Kirchenschiffe oder Minarette. Andere hingegen sind nahezu universell, zum Beispiel Türen und Fenster. Sie alle sind geprägt von Moden, lokalen Vorlieben, verfügbaren Materialien, religiösen Vorschriften, klimatischen Bedingungen, aktuellen Bauauflagen und Technologien sowie von den individuellen Ideen des jeweiligen Architekten. Einige Elemente ähneln einander, werden aber unterschiedlich gedeutet, etwa die Kuppeln von Santa Maria del Fiore in Florenz, der Basilius-Kathedrale in Moskau und des Taj Mahal in Agra, oder die Turmhelme des Kölner Doms, des Chrysler Building in New York City und der Sagrada Família in Barcelona. Sie verdeutlichen, dass jedes architektonische Element eine komplexe Kombination aus Gestaltung, Herkunft, Einflüssen, Erfindungen und praktischer Umsetzbarkeit ist.

Materialien

LUDWIG MIES VAN DER ROHE: „ARCHITEKTUR BEGINNT, WENN ZWEI BACKSTEINE SORGFÄLTIG ZUSAMMENGESETZT WERDEN."

Von Lehm bis Marmor, Backstein bis Bambus, Stein bis Stahl und Beton bis Kohlestofffaser – mit dem Wandel der menschlichen Bedürfnisse und der Weiterentwicklung von Technologie und Bautechnik ist auch eine größere Vielfalt an Baumaterialien entstanden. In diesem Teil des Buches werden die architektonischen Möglichkeiten dargelegt, die sich aus der Nutzung verschiedener Materialien ergeben. Dazu gehören grundlegende Werkstoffe wie Stein und Holz sowie solche, die vorwiegend in bestimmten Gebäudeteilen verwendet werden, etwa Glas und Fliesen. Einige Materialien werden seit mehr als tausend Jahren fortwährend genutzt, andere sind nicht mehr in Gebrauch und wieder andere erst kürzlich erfunden worden. Dieser Teil untersucht, wo und wie diese Materialien verwendet wurden; hilfreiche Querverweise führen zu weiteren Beispielen.

Über dieses Buch

Dieses Buch ist in vier Teile gegliedert – Stile, Bauwerke, Elemente und Materialien –, die Schlüsselbereiche der Architektur erklären. Jeder Teil ist chronologisch geordnet, kann aber in beliebiger Reihenfolge gelesen werden. Hilfreiche Querverweise in den Fußzeilen der einzelnen Seiten führen dem Leser Verbindungen zu anderen Bereichen vor Augen. In Infokästen werden wichtige Entwicklungen und biografische Hintergründe der Architekten dargelegt.

Hauptvertreter

Wichtige Entwicklungen

Querverweise zu Stilen und Materialien

Architekt und Ort

Entstehungszeit

Hintergrundinformationen zum Architekten und zur Architektur

Wichtige verwandte Bauwerke

Querverweise zu Stilen, Elementen und Materialien

STILE

Ägyptische Architektur

2670 V. CHR. – 336 N. CHR.

HAUPTVERTRETER: IMHOTEP • HEMIUNU • INENI • SENENMUT • AMENHOTEP, SOHN DES HAPU

Ganz gleich, ob ein Bauwerk für die Toten oder die Lebenden bestimmt war – die alten Ägypter legten stets großen Wert darauf, dass ihre Architektur sich harmonisch in die umgebende Landschaft einfügte.

Im Alten und Mittleren Reich (ca. 2600–1800 v. Chr.) errichteten sie Pyramiden als Grabstätten für die Pharaonen. Am eindrucksvollsten war die Cheops-Pyramide in Gizeh, die ca. 2589–2566 v. Chr für den Pharao Cheops erbaut wurde. Mit ihrer hohen Gestalt schien sie bis zu den Göttern hinaufzureichen und war eine eindrucksvolle, weithin sichtbare Erscheinung. Bei der Konstruktion dieser riesigen Bauwerke ging man mit äußerster Sorgfalt vor. Die massiven, mit Mörtel verbundenen Steine wurden so sauber zusammengesetzt, dass nicht mal eine Messerklinge zwischen sie passte. Die fertigen Pyramiden wurden komplett mit weißem Kalkstein verkleidet und die Spitzen mit Gold überzogen. Im Innern der Gebäude führten schmale Gänge zu den königlichen Grabkammern.

Die ägyptischen Tempel entwickelten sich von kleinen Schreinen zu weitläufigen Anlagen. Im Neuen Reich (ca. 1550–1070 v. Chr.) entstanden massive Steinbauten mit Hallen und Innenhöfen, wie zum Beispiel die beiden eindrucksvollen Tempel von Abu Simbel, die im 13. Jahrhundert v. Chr. zu Ehren von Ramses II. und seiner königlichen Gemahlin Nefertari (gest. 1255 v. Chr.) in den Fels geschlagen wurden. Der große Tempel ist für seine vier kolossalen Sitzstatuen von Ramses II. berühmt sowie für die kleineren Statuen der Nefertari, seiner Mutter und seiner Kinder.

WICHTIGE ENTWICKLUNGEN

Die frühesten Monumentalbauten im alten Ägypten wurden aus Lehmziegeln, Erde und Holz errichtet. Für spätere Konstruktionen wurde Stein verwendet, der bis 2670 v. Chr. zum wichtigsten Baumaterial geworden war. Neben Grabanlagen und Tempeln wurden auch Festungen und Paläste gebaut, massive Bollwerke, die aber die Eleganz und Symmetrie sakraler Bauten wahrten.

Felsentempel von Abu Simbel, unbekannter Architekt, ca. 1264 v. Chr., Gouvernement Assuan, Nubien, Ägypten

CHEOPS-PYRAMIDE **S. 54** TREPPE **S. 176** SÄULE **S. 177** PORTIKUS/PORTAL **S. 186** STEIN **S. 192** LEHMZIEGEL **S. 193** BACKSTEIN **S. 195** PUTZ **S. 203**

Präkolumbianische Architektur

HAUPTVERTRETER: KEINER NAMENTLICH BEKANNT

2000 v. Chr. – 1519 n. Chr.

Palast von Palenque, unbekannter Architekt, 7.–8. Jahrhundert, Chiapas, Mexiko

Mehr als 3.000 Jahre bevor die Europäer Amerika „entdeckten" hatten sich in Nord-, Mittel- und Südamerika bereits komplexe Gesellschaften etabliert.

Weit vor der Ankunft der spanischen Eroberer im 16. Jahrhundert hatten zahlreiche Kulturen in Mittelamerika eine präkolumbianische Architekur erschaffen, die ganz unterschiedlichen Zwecken diente. Obwohl sie nur über begrenzte Kenntnisse der Astronomie und Ingenieurskunst verfügten, waren ihre Gebäude doch häufig an astronomischen Besonderheiten oder nach den vier Haupthimmelsrichtungen ausgerichtet. Die Weiterentwicklung der Architektur erfolgte maßgeblich durch Kulturaustausch – so lernten etwa die Azteken von der älteren Architektur der Maya.

Viele Kulturen errichteten ganze Städte mit monolithischen Tempeln und Pyramiden, die mit Tieren, Göttern und Königen verziert waren. Die Anlage dieser Städte basiert vermutlich auf mythologischen und symbolischen Bedeutungen. Die meisten verfügten über einen zentralen Platz mit Regierungsgebäuden und Tempeln sowie öffentlichen Tanzplätzen, den *tlachtli*, auf erhöhten Plattformen. Pyramiden – in der Regel stufenförmig – waren ein hervorstechendes Element. Sie wurden wahrscheinlich nicht als Grabkammern, sondern als Tempel genutzt und beherbergten auf der obersten Ebene wichtige religiöse Stätten. Die bekanntesten Stufenpyramiden befinden sich in Mexiko. Dazu zählen die Sonnenpyramide und die Mondpyramide (beide ca. 200–350 n. Chr.) in Teotihuacán, die Pyramide des Kukulcán (ca. 600–1000 n. Chr.) in Chichén Itzá und die Pyramide von Cholula (ca. 300 v. Chr.–ca. 900 n. Chr.) – die größte von allen.

WICHTIGE ENTWICKLUNGEN

Der Palast von Palenque, ein Komplex aus miteinander verbundenen Gebäuden und Innenhöfen, der als königliche Residenz und Verwaltungszentrum diente, wurde über mehrere Generationen errichtet. Er umfasste zwölf Gebäude, zwei Innenhöfe und einen vierstöckigen Turm, der die Anlage überragte. Ein kleiner Wasserlauf hinter der Anlage wurde in ein gemauertes unterirdisches Aquädukt geleitet.

TEMPEL DER INSCHRIFTEN **S. 64** DACH **S. 168** BOGEN **S. 173** TURM **S. 174** TREPPE **S. 176** STEIN **S. 182** LEHMZIEGEL **S. 193** STUCK **S. 205**

Griechische Architektur

HAUPTVERTRETER: IKTINOS • KALLIKRATES • KARPION • PARMENION • PHAIAX • PHIDIAS • AELIUS NIKON • LIBON • SATYROS

850 v. Chr. – 600 n. Chr.

WICHTIGE ENTWICKLUNGEN

Hippodamus von Milet (498–408 v. Chr.), der allgemein als Vater der Stadtplanung gilt, entwarf Städte auf rasterförmigem Grundriss mit parallel verlaufenden Straßen und zentralen öffentlichen Plätzen sowie planvoll angeordneten Amtsgebäuden und Wohnhäusern. Die griechischen Architekten wandten die Ordnungen auf vielerlei öffentliche, sakrale und private Gebäudearten an.

Tempel des Hephaistos, unbekannter Architekt, ca. 449 v. Chr., Agoraios-Kolonos-Hügel, Athen, Griechenland

Von etwa 850 v. Chr. bis 600 n. Chr. stand die Kultur der alten Griechen auf dem griechischen Festland, dem Peloponnes und den Ägäischen Inseln in voller Blüte.

Im 4. Jahrhundert v. Chr. hatten Architekten und Steinmetze ein für sämtliche Bauten geltendes Regelsystem entwickelt, das als Ordnungen bekannt wurde. Am einfachsten lassen sich diese Ordnungen an den drei Säulentypen festmachen. Die dorische Säule ist relativ gedrungen und schlicht; die ionische ist schlanker und an den vier Ecken des Kapitells mit schneckenförmigen Voluten versehen. Am stärksten ornamentiert ist die korinthische Säule, deren kelchförmiges Kapitell von Akanthusblättern umrankt wird, die sich am oberen Ende zu Voluten einrollen.

Die griechische Architektur wirkte insgesamt eher schlicht, doch die skulpturale Dekoration an den Säulenkapitellen, Giebeldreiecken, Friesen, Metopen und Triglyphen sowie die Statuen waren sehr kunstvoll. Der Skulpturenschmuck war zudem in leuchtenden Farben bemalt.

Die wichtigsten Gebäude waren Tempel und Theater, die sich durch eine komplizierte Mischung aus optischen Illusionen und ausbalancierten Proportionen auszeichneten. Die Gebäude auf der Akropolis, dem Burgberg von Athen, wurden von etwa 550 bis 404 v. Chr errichtet und bilden den Höhepunkt des architektonischen Schaffens im alten Griechenland. Dazu zählen der Parthenon, die Propyläen, das Erechtheion und der Nike-Tempel. Die Proportionen des 432 v. Chr. fertiggestellten Parthenon entsprechen dem dorischen Verhältnis von 9:4; der Tempel trägt aber auch ionische Stilmerkmale. Anders als die meisten griechischen Tempel, die an der Stirnseite sechs marmorne Stützsäulen aufweisen, hat der Parthenon acht. Insgesamt verfügt er über 47 Säulen, jede von ihnen mehr als 10 Meter hoch. Der Sockel, über dem sich der Tempel erhebt, ist zur Mitte hin leicht erhöht, damit das Regenwasser abfließen kann und um das Bauwerk gegen Erdbeben zu wappnen.

PARTHENON **S. 56** DACH **S. 168** SÄULE **S. 177** PORTIKUS/PORTAL **S. 186** STEIN **S. 192** MARMOR **S. 200**

Buddhistische Architektur

HAUPTVERTRETER: KEINER NAMENTLICH BEKANNT

507 V. CHR. –

Die buddhistische Architektur entwickelte sich vom 4. bis zum 2. Jahrhundert v. Chr. auf dem indischen Subkontinent und breitete sich von dort zunächst nach China und dann über das weitere Asien aus.

Der indische Herrscher Ashoka (Regierungszeit ca. 265–ca. 236 v. Chr.) sah im Buddhismus eine Möglichkeit, sein weitläufiges Reich zu einen und ließ deshalb überall im Land Stupas errichten. Ein Stupa (von Sanskrit für „aufhäufen") ist ein überkuppeltes Bauwerk, das Reliquien beherbergt und als Ort der Meditation dem Gedenken an Buddha dient. Die Kuppel symbolisierte den unendlichen Raum des Himmels. Stupas entwickelten sich zu Pilgerorten – damit hatte Ashoka sein Ziel, die Ausbreitung des Buddhismus, erreicht. In der Nähe von Stupas und an Orten, die im Leben des Buddha von Bedeutung waren, wurden Klöster (Viharas) erbaut.

Die ältesten erhaltenen Stupas befinden sich in Sanchi; sie sind in alle vier Himmelsrichtungen von kunstvollen Steintoren umgeben. Der monumentalste buddhistische Stupa, der sich bis heute erhalten hat, ist der Borobudur auf Java (9. Jahrhundert n. Chr.). Der Stufentempel besteht aus neun ansteigenden Terrassen mit vielen kleinen Stupas und gipfelt in der Mitte in einem zentralen, glockenförmigen Stupa. Während der Ausbreitung des Buddhismus nach Nepal, Tibet, Japan, Sri Lanka, Thailand, Korea, China und Myanmar bewahrte die Architektur bestimmte Stilmerkmale der frühesten indischen Beispiele, wurde aber auch um lokale Besonderheiten ergänzt – die Pagode zum Beispiel ist eine Weiterentwicklung des indischen Stupa.

WICHTIGE ENTWICKLUNGEN

Mit der buddhistischen Architektur verbindet man drei Arten von Gebäuden: Stupas, Viharas und *chaityas* (Verehrungs- oder Gebetshallen, später Tempel genannt). Zu den bedeutendsten buddhistischen Tempeln zählen der Haeinsa (Tempel der Spiegelung auf einer ruhigen Wasseroberfläche) in Gyeongsangnam, Südkorea; der Wat Arun (Tempel der Morgenröte) in Bangkok, Thailand; und der Yokhang-Tempel in Tibet.

Großer Stupa von Sanchi, unbekannter Architekt, 3. Jahrhundert–ca. 100 v. Chr., Madhya Pradesh, Indien

→ GROSSER STUPA VON SANCHI **S. 58** DACH **S. 168** KUPPEL **S. 172** BOGEN **S. 173** SÄULE **S. 177** TURMHELM **S. 184** STEIN **S. 192** BACKSTEIN **S. 195** HOLZ **S. 196**

Römische Architektur

HAUPTVERTRETER: HERMODORUS VON SALAMIS • RABIRIUS • APOLLODORUS VON DAMASKUS • VITRUV • SEVERUS • DECRIANUS

484 V. CHR. – 608 N. CHR.

Pont du Gard, unbekannter Architekt, 1. Jahrhundert n. Chr., Vers-Pont-du-Gard, Frankreich

Wo immer die Römer neue Gebiete eroberten, errichteten sie neue Städte. So vergrößerten sie nicht nur das Römische Reich, sondern sorgten auch für die Verbreitung ihrer architektonischen und technischen Errungenschaften.

Die Römer, die die meisten Kulturen ihrer Zeit übertrafen, errichteten ein riesiges Imperium. Sie entwickelten ihre technischen und architektonischen Fähigkeiten stetig weiter und setzten neue Materialien ein. Sie bauten immer ehrgeizigere Tempel, Aquädukte, Amphiteater, Triumphbögen und vieles mehr. Mit Hilfe freistehender Säulen entwickelten sie den steinernen Rundbogen, den sie in der Folge für Arkaden und Aquädukte nutzten. Über letztere leiteten sie Wasser durch mit Zement ausgekleidete Tunnel. Sie entwickelten außerdem das Kreuzgratgewölbe und die Kuppel. Zwischen 30 und 15 v. Chr. veröffentlichte der Architekt, Ingenieur und Architekturtheoretiker Marcus Vitruvius Pollio sein bedeutendes Werk *De Architectura*, das Architekten weltweit jahrhundertelang beeinflussen sollte.

Zwischen 72 und 80 n. Chr. errichteten sie in Rom aus Beton, Kalkstein und Tuff ein Amphitheater: Das Kolosseum, das sich über einem elliptischen Grundriss erhebt, fasst rund 50.000 Zuschauern und ist das größte je erbaute Amphitheater. Ein weiteres Bauwerk, das die römische Präzision vor Augen führt, ist der Pont du Gard in Südfrankreich, das höchste erhaltene römische Aquädukt. Im 1. Jahrhundert n. Chr. hatten die Römer ein langes gewundenes unterirdisches Aquädukt angelegt, über das die römische Kolonie Nîmes mit dem Wasser einer Quelle versorgt werden sollte. Nur den Fluss Gardon musste es über diese riesige, dreistöckige Brücke oberirdisch überqueren.

WICHTIGE ENTWICKLUNGEN

Zu den vielen römischen Errungenschaften zählen Kuppeln, die für Tempel, Bäder, Villen, Paläste und Gräber erbaut und mit besonders dicken Wänden verstärkt wurden. Das Pantheon in Rom zum Beispiel wurde unter Kaiser Hadrian zwischen 125 und 128 n. Chr. als Teil der Bäder Agrippas fertiggestellt. Es besitzt die größte erhaltene römische Kuppel; diese ist im Scheitelpunkt von einem großen Oculus durchbrochen.

PANTHEON **S. 60** KUPPEL **S. 172** BOGEN **S. 173** SÄULE **S. 177** STEIN **S. 192** BACKSTEIN **S. 195** HOLZ **S. 196** FLIESEN **S. 198** BETON **S. 201**

Byzantinische Architektur

HAUPTVERTRETER: ANTHEMIOS • ISIDOROS • TRDAT • KALLINIKOS • RUFINUS • PETRONAS KAMATEROS • PERALTA • ASTRAS

330 – 1453 N. CHR

Im Jahr 330 n. Chr. verlegte Kaiser Konstantin seinen Hauptwohnsitz von Rom nach Byzanz und nannte die neue Residenzstadt Konstantinopel (heute Istanbul).

Viele wichtige Handelsrouten verliefen über Konstantinopel. Die byzantinischen Architekten verschmolzen römische Stilelemente mit östlichen Einflüssen. Diese architektonischen Ideen verbreiteten sich, entwickelten sich weiter und tauchten in Teilen von Italien, Syrien, Griechenland, Russland und Kleinasien wieder auf, vornehmlich in Form von Kirchen mit Kuppeldächern, Bögen und Turmhelmen.

Zu den hervorstechendsten Stilmerkmalen gehören Kuppeln, die auf zweierlei Arten über einem viereckigen Unterbau errichtet wurden. Bei der Trompenkuppel werden die Ecken des Unterbaus mit halbhohlkegelförmigen Gewölbeteilen (Trompen) ausgemauert. Bei der von den Byzantinern ersonnenen Pendentifkuppel werden diese Ecken mit sphärischen Dreiecken (Pendentifs) überwölbt. Byzantinische Architektur ist häufig durch Marmorsäulen, Kassettendecken und üppiges Zierwerk, etwa den ausgeprägten Einsatz von Mosaiken, gekennzeichnet. Später wurde der für griechische Kirchen typische kreuzförmige Grundriss (ein Kreuz mit vier gleichlangen Armen) zu einem wichtigen Bestandteil byzantinischer Kirchen.

Im Laufe der Jahre wurde die byzantinische Architektur komplexer und verwendete sowohl Backstein und Putz als auch dünne Alabasterplatten für die Fenster. Nachdem Konstantinopel 1453 an die Türken gefallen war, fand auch die byzantinische Architektur ein Ende, übte aber noch jahrhundertelang Einfluss auf europäische Baumeister aus.

WICHTIGE ENTWICKLUNGEN

Die von Kaiser Justinian in Auftrag gegebene Hagia Sophia hat die byzantinische Architektur maßgeblich beeinflusst. Ihrem Vorbild folgend wurden große Mittelkuppeln häufig von niedrigeren, kleineren Kuppeln umgeben, etwa bei der Kirche San Vitale (527–547 n. Chr.) in Ravenna (siehe Seite 204), beim Markusdom (1093) in Venedig und bei der Basilius-Kathedrale (1555–1561) in Moskau.

Hagia Sophia, Isidoros und Anthemios, 532–537 v. Chr., Istanbul, Türkei

→ HAGIA SOPHIA **S. 62** ARKADEN **S. 171** KUPPEL **S. 172** BOGEN **S. 173** SÄULE **S. 177** TURMHELM **S. 184** STEIN **S. 192** BACKSTEIN **S. 195** HOLZ **S. 196** MARMOR **S. 200** MOSAIK **S. 204**

Japanische Architektur

HAUPTVERTRETER: TAKEDA AYASABURO • ARATA ENDO • TATSUNO KINGO • SONE TATSUZO • KENZO TANGE • FUMIHIKO MAKI

538–

Ein wichtiges Element der traditionellen japanischen Holzbauweise sind *fusuma*, Schiebetüren, die in einem Haus die Wände ersetzen. Durch sie lässt sich der Innenraum eines Hauses verschiedenen Zwecken angepassen.

Zu den frühen japanischen Bauwerken zählen die Ise-Schreine (ab 3. Jahrhundert), die aus Zypressenholz errichtet wurden und an Kornspeicher erinnern. Die Einführung des Buddhismus im 6. Jahrhundert zog den Bau großangelegter, schlichter Holztempel nach sich. Viele Elemente dieser Architektur wurden aus China und anderen asiatischen Kulturen importiert.

Anders als in der westlichen Architektur kommt bei diesen Bauten selten Stein zum Einsatz, außer für bestimmte Bereiche wie etwa die Fundamente. Hölzerne Pfähle und Stürze tragen breite, sanft gewölbte Dächer mit Traufen, die sich über Veranden spannen. Die Wände sind leicht, dünn, haben nie tragende Funktion und sind häufig beweglich. Die frühen japanischen Tempel mit ihren großen Innenhöfen und symmetrischen Grundrissen gleichen ihren chinesischen Gegenstücken.

In der Azuchi-Momoyama-Zeit (1568–1600) wurden viele Burgen errichtet. Die meisten besaßen einen Hauptturm, den *tenshu* (himmlischer Beschützer), der von Gärten und befestigten Gebäuden umgeben war. Die Burganlage war von massiven Steinwällen eingefasst, die wiederum durch Gräben geschützt waren. Die Innenräume wurden mit Schiebetüren (*fusuma*) und Faltwänden (*byobu*) unterteilt.

Im späten 19. Jahrhundert wurden traditionelle westliche Stile übernommen. Ab den 1920er Jahren machte sich der Einfluss der Moderne bemerkbar. In den 1960ern entstand eine radikale Architekturbewegung, der sogenannte Metabolismus. Seine Fürsprecher entwarfen gigantische Wohnstrukturen, in denen sich der Lebenszyklus von Geburt, Wachstum, Verfall und Wiederaufbau widerspiegeln sollte.

WICHTIGE ENTWICKLUNGEN

Das ab dem frühen 7. Jahrhundert als Privattempel für den Kronprinzen Shotoku (574–622) erbaute Horyu-ji besteht aus 41 unabhängigen Gebäuden. Die Große Halle, *kon-do* („Goldene Halle"), und die fünfstöckige Pagode liegen im Zentrum eines offenen Areals, das von einem überdachten Kreuzgang, dem *kairo*, eingefasst wird. Die Große Halle wird von einem mit Keramikziegeln gedeckten Irimoya-Dach, einer Art Fußwalmdach, überspannt.

Horyu-ji, unbekannter Architekt, 607–710, Ikaruga, Präfektur Nara, Japan

RINSHUNKAKU **S. 100** TÜR **S. 166** TURM **S. 174** SÄULE **S. 177** PORTIKUS/PORTAL **S. 186** HOLZ **S. 196** PAPIER **S. 197** BETON **S. 201**

Hinduistische Architektur

HAUPTVERTRETER: KEINER NAMENTLICH BEKANNT

CA. 500 – 1910

Auf dem indischen Subkontinent entwickelte sich die hinduistische Architektur von einfachen, in den Fels geschlagenen Heiligtümern hin zu monumentalen freistehenden Tempeln.

Vom 4. bis zum 5. Jahrhundert n. Chr. wurden Hindu-Tempel der Verehrung verschiedener Gottheiten und regionaler Glaubensvorstellungen angepasst. Im 6. oder 7. Jahrhundert hatten sie sich zu hochaufragenden Backstein- oder Steinbauten weiterentwickelt, die den heiligen Berg Meru mit seinen fünf Gipfeln symbolisierten. Die von frühen buddhistischen Stupas beeinflusste Architektur war nicht für die gemeinschaftliche Anbetung ausgelegt, sondern verfügte über verschiedene Bereiche, in denen Gläubige ihre Opfergaben niederlegen und Rituale durchführen konnten. Die hinduistische Kultur ermutigte zwar zu kreativer Unabhängigkeit, dennoch mussten sich Architekten an bestimmte Regeln halten. Dazu zählten eine präzise, harmonische Geometrie, hohe Türme und Skulpturen von Göttern, Gläubigen, erotischen Szenen und Tieren sowie florale und geometrische Muster.

Die meisten Hindu-Tempel sind auf einem *adhisthana* (einem in Stein gehauenen Sockel) errichtet, und alle verfügen über ein innerstes Heiligtum, *garbhagriha* (Mutterschoßkammer), in dem das Kultbild der Hauptgottheit verwahrt wird. Über dem *garbhagriha* erhebt sich das turmähnliche *shikhara* (auch bekannt als *vimana*) mit Wandelgängen für das rituelle *parikrama* (Umschreiten). Außerdem gibt es einen Gemeindesaal und manchmal einen Vorraum sowie ein *ardhamandapa*, eine Eingangsvorhalle. Alle Tempel sind von Mauern eingefasst, die sich in alle vier Himmelsrichtungen mit hohen, ornamentierten Tortürmen, den sogenannten *gopurams*, öffnen.

WICHTIGE ENTWICKLUNGEN

Der im 19. Jahrhundert erbaute dreistöckige Dakshineswar-Tempel mit seinen für die bengalische Architektur typischen neun Turmhelmen steht auf einem *adhisthana* mit einer offenen Säulenveranda. Das *garbhagriha* beherbergt eine Statue der Göttin Kali. Das Tempelgelände umfasst einen großen Innenhof mit Räumen entlang der Begrenzungsmauern sowie zwölf Schreinen, die dem Gott Shiva gewidmet sind.

Dakshineswar-Tempel, unbekannter Architekt, 1855, Kolkata, Indien

PRAMBANAN **S. 70** KUPPEL **S. 172** TURM **S. 174** STEIN **S. 192** BACKSTEIN **S. 195**

Islamische Architektur

650 –

HAUPTVERTRETER: MIMAR SINAN • SEDEFKAR MEHMED AGHA • USTAD ISA SHIRAZI • ATIK SINAN

WICHTIGE ENTWICKLUNGEN

Zur Zeit der Abbasiden-Herrschaft (750–1258 n. Chr.) wurde die islamische Hauptstadt von Damaskus nach Bagdad verlegt und dann von Bagdad nach Samarra. Die riesige, viereckige Große Moschee von Samarra, die Kalif al-Mutawakkil zwischen 848 und 851 n. Chr. errichten ließ, kombiniert ein Hypostylon (Halle mit einem von Säulen getragenen Dach) mit einem riesigen spiralförmigen Minarett, bekannt als *malwiya* (Spiral-) Minarett.

Nachdem der Prophet Mohammed, der Begründer des Islam, im Jahr 632 n. Chr. gestorben war, erfuhr der Islam durch die Eroberungszüge der Araber eine schnelle Verbreitung.

750 n. Chr. erstreckte sich das islamische Reich von Spanien und Marokko im Westen bis nach Zentralasien und Afghanistan im Osten. Die islamische Architektur, die vor allem in Moscheen, Gräbern, Palästen und Festungen Ausdruck findet, nahm Einflüsse der persischen, byzantinischen, chinesischen und indischen Architektur auf, bildete aber auch eigene Stilmerkmale aus. Dazu zählen Muster, Kalligraphie, präzise Geometrie, Kuppeln, Bögen und Minarette.

Eine Kuppel tauchte erstmals 691 n. Chr. mit dem Bau des Felsendoms (Qubbat al-Sakhrah) in Jerusalem auf; sie orientiert sich am Vorbild der nahegelegenen Grabeskirche (335 n. Chr.). Am häufigsten kommen Tambourkuppeln vor, aber auch spitz zulaufende Kuppeln wie die des Taj Mahal (siehe Seite 98) prägen den islamischen Baustil. Ein weiteres auffälliges Element sind Bögen, etwa der Hufeisen- oder maurische Bogen, der Kreis- oder Rundbogen sowie Dreipass-, Vierpass-, Fünfpass- oder Vielpassbögen, die eine Besonderheit der maurischen Architektur (siehe Seite 22) darstellen und häufig für Kolonnaden genutzt wurde. Nachdem die Ottomanen im Jahr 1453 Konstantinopel erobert hatten, wandelten sie die Hagia Sophia (siehe Seite 62) in eine Moschee um. Diese diente dann als Vorbild für andere ottomanische Moscheen, etwa die Süleymaniye-Moschee (1558) in Istanbul.

Große Moschee, unbekannter Architekt, 848–851 n. Chr., Samarra, Irak

FELSENDOM **S. 68** GROSSE MOSCHEE VON DJENNÉ **S. 126** KUPPEL **S. 172** BOGEN **S. 173**
TURM **S. 174** SÄULE **S. 177** STEIN **S. 192** BACKSTEIN **S. 195**

Kalinga-Architektur

HAUPTVERTRETER: KEINER NAMENTLICH BEKANNT

CA. 650 – CA. 1550

Lingaraja-Tempel, unbekannter Architekt, ca. 1060, Bhubaneswar, Odisha, Indien

Die antike Region Kalinga umfasst die Gebiete des heutigen Odisha, Westbengalen und des nördlichen Andhra Pradesh in Ostindien.

Die Kalinga-Architektur erlebte ihren Höhepunkt zwischen dem 9. und 12. Jahrhundert zur Zeit der Somavamshi-Herrschaft in Orissa (heute Odisha). Die für gewöhnlich verschwenderisch mit Skulpturen geschmückten Kalinga-Tempel sind meistens durch sich wiederholende Formen wie zum Beispiel Hufeisenbögen gekennzeichnet. Innerhalb der schützenden Tempelmauern gibt es drei Hauptgebäude mit charakteristisch geschwungenen Türmen, den sogenannten *deul* oder *deula*, und Gebetshallen, den *jagmohan*. Das *rekha deula* ist das Heiligtum, über dem ein hoher, gekrümmter, spitz zulaufender Turm aufragt; die *pidha deula* sind quadratische Hallen mit pyramidenförmigen Dächern; und das *khakhara deula* ist ein rechteckiges Gebäude, das nach oben mit einem Tonnengewölbe abschließt und in der Regel niedriger als das *rekha deula*, aber höher als das *pidha deula* ist. Hier befindet sich einer der Hauptbereiche für Gebete und Opfergaben. *Khakhara* leitet sich von *khakharu* (dt. Flasche) ab, was auf die flaschenähnliche Gestalt des Gebäudes verweist.

WICHTIGE ENTWICKLUNGEN

Der Lingaraja-Tempel ist einer der ältesten Tempel in Bhubaneswar, der Hauptstadt des Bundesstaates Odisha. Er ist nach Osten ausgerichtet und aus Sandstein und Laterit erbaut. Innerhalb seiner dicken Umgrenzungsmauern finden sich 150 kleinere Schreine. Der Hauptturm oder *deul* ist 45 Meter hoch und mit zahlreichen in Stein gehauenen Figuren und anderen religiösen Motiven geschmückt.

SONNENTEMPEL **S. 88** TURM **S. 174** TURMHELM **S. 184** STEIN **S. 192** LEHMZIEGEL **S. 193** BACKSTEIN **S. 195** GLAS **S. 206**

Maurische Architektur

HAUPTVERTRETER: KEINER NAMENTLICH BEKANNT
KEY ARCHITECTS:

711
–
CA. 1492

WICHTIGE ENTWICKLUNGEN

Die Mauren bauten nicht nur Moscheen, Paläste und Festungen, sondern auch kunstvolle Innenhöfe sowie Gärten mit Brunnen, Kolonnaden und Kreuzgängen. Die Architekten arbeiteten mit Handwerkern zusammen, die gemusterte Fliesen gestalteten, die im Arabischen *zellij*, im Spanischen und Portugiesischen *azulejo* heißen. Diese dekorativen Fliesen wurden in die Architektur integriert und sowohl für religiöse wie für weltliche Bauten verwendet.

Große Moschee, unbekannter Architekt, 784–987 n. Chr., Córdoba, Spanien

Von etwa 711 bis 1492 eroberten und beherrschten die Araber weite Teile Südeuropas und Nordafrikas.

Die Europäer nannten die neuen Siedler Mauren, und bald schon waren die profane und die sakrale Architektur dieser Regionen von der maurischen Architektur geprägt. Diese enthielt charakteristische Elemente der islamischen Architektur, nahm aber auch Elemente aus der neuen Umgebung auf, die sie an Bauten wie die Alhambra und Generalife (1302–1319) in Granada sowie die von 784 bis 987 in vier Phasen erbaute Große Moschee in Córdoba anpasste. Die Große Moschee ist gekennzeichnet durch kunstvolle Innendekoration und besitzt eine riesige Gebetshalle mit 850 Säulen und Doppelbögen aus kontrastierendem roten und cremefarbenen Stein.

Zinnen-, Keil- und Lanzettbögen finden sich häufig in der maurischen Architektur; bekannt ist sie aber vor allem für ihre dramatisch gekrümmten Hufeisenbögen. Neben großen Kuppeln und sich wiederholenden dekorativen Mustern sind auch die islamischen *muqarnas*, auch Stalaktitengewölbe genannt, ein Stilmerkmal, das von maurischen Architekten weiterentwickelt und sehr wirkungsvoll eingesetzt wurde. Mit diesen äußerst dekorativen Gewölben wurden Pendentifs, Alkoven, Bögen, Kuppeln und Halbkuppeln verziert. Die Wasserversorgung großer Gebäude wurde durch ein komplexes System von Leitungen gesichert, das maurische Ingenieure entwickelt hatten.

ALHAMBRA **S. 80** KUPPEL **S. 172** BOGEN **S. 173** SÄULE **S. 177** STEIN **S. 192**
BACKSTEIN **S. 195** FLIESEN **S. 198** MARMOR **S. 200** GLAS **S. 206**

Khmer-Architektur

HAUPTVERTRETER: KEINER NAMENTLICH BEKANNT

825 – CA. 1450

Von Anfang des 9. Jahrhunderts bis zum frühen 15. Jahrhundert herrschten die Khmer-Könige über ein großes hinduistisch-buddhistisches Reich in Südostasien.

Die Hauptstadt dieses Reiches war Angkor, im heutigen Kambodscha. Die meisten erhaltenen Bauten sind nach Osten ausgerichtete Steintempel, die großteils in pyramidaler, gestufter Form errichtet wurden. Sie bestehen aus fünf Türmen, den *prasats*, die den heiligen Berg Meru mit seinen fünf Gipfeln symbolisieren. In der hinduistischen, jainistischen und buddhistischen Religion bildet dieser Berg den Mittelpunkt des Universums und ist Wohnsitz der Götter, die dort auf verschiedenen Ebenen leben. Da die Heiligtümer nicht der Gottesanbetung dienten, sondern als Heimstatt einer bestimmten Gottheit betrachtet wurden, sind sie nur wenige Meter breit. Ihre Bedeutung spiegelt sich in der Höhe und der Lage der *prasat*: Der mittlere Turm überragt die anderen. Ein den Tempel umgebender Wassergraben symbolisiert den kosmischen Ozean.

Als Wohnstätten der Götter wurden Tempel aus langlebigen Materialien errichtet, etwa aus Sandstein, Backstein oder Laterit, einem lehmziegelähnlichen Material, das beim Trocknen aushärtet. Vom Berg Meru heißt es, dass er in allen vier Himmelsrichtungen von himmlischen Wächtern bewacht werde. Deshalb besitzen die Khmer-Tempel nach Norden, Süden, Osten und Westen monumentale, reich verzierte Eingangstore, die *gopuram*.

WICHTIGE ENTWICKLUNGEN

Tempel wurden mit aufwendigen Reliefs geschmückt, die religiöse Bilder und wichtige Ereignisse aus der Geschichte der Khmer zeigen, wenngleich buddhistische Tempel in der Regel weniger Zierwerk besitzen als ihre hinduistischen Gegenstücke. In den Städten legten Khmer-Architekten außerdem riesige Auffangbecken an, in denen während des Monsuns das Regenwasser sowie Wasser aus nahegelegenen Flüssen für die Bevölkerung gesammelt wurden.

Tempelanlage Ta Prohm, unbekannter Architekt, 1186, Angkor, Provinz Siem Reap, Kambodscha

ANGKOR WAT **S. 74** DACH **S. 168** TURM **S. 174** SÄULE **S. 177** STEIN **S. 192** BACKSTEIN **S. 195** FLIESEN **S. 198**

Romanik

HAUPTVERTRETER: MEISTER MATEO • BENEDETTO ANTELAMI • LANFRANCO • DIOTISALVI

1000 – 1150

WICHTIGE ENTWICKLUNGEN

Eines der schönsten Beispiele der Hochromanik ist die Benediktinerabtei Maria Laach im Rheinland. Sie besitzt sechs massive Türme, zwei runde und vier quadratische; außerdem ein von Arkaden umschlossenes Atrium, eckige Pfeiler, Bogenfenster und reich ornamentierte Säulenkapitelle.

Kloster Maria Laach, unbekannter Architekt, 1093–1230, Rheinland-Pfalz, Deutschland

Zwischen etwa 1000 und 1150 wurden in Europa zahlreiche massive Steinkirchen mit Rundbögen, Tonnen- oder Kreuzgratgewölbe und hohen Pfeilern erbaut.

Als Bezeichnung für diese Architektur mit ihren eckigen Türmen, großen Kirchenschiffen und verzierten Rundbögen entstand im 19. Jahrhundert der Begriff *romanesque*, der auf die Verwandtschaft mit der römischen Architektur verweist. Doch die Romanik bediente sich nicht nur bei römischen Baustilen und -methoden, sie war auch von der karolingischen, byzantinischen und islamischen Architektur beeinflusst. Wenngleich sich die Ausbildung des Stils nicht genau datieren lässt, war es doch der erste, der sich seit dem Römischen Reich in Europa entwickelte.

Zur Reife gelangte die romanische Architektur um das Jahr 1000, als entlang der Pilgerwege in Spanien und Frankreich neue Kirchen gebaut wurden. Diese mussten viele Pilger gleichzeitig aufnehmen können und deshalb sehr geräumig sein. Um dies zu ermöglichen, griffen Architekten auf die Gewölbe ihrer römischen Vorgänger zurück und konstruierten breite, hohe Decken. Außerdem bauten sie um den Chor herum Radialkapellen für die private Andacht. Die Steinmetzkunst wurde wiederbelebt und weiterentwickelt: Innen- und Außenwände waren mit Reliefs und Skulpturen verziert, die biblische Geschichten darstellten. Der romanische Stil entwickelte viele nationale Varianten, darunter den Doppelchor in Deutschland und die Doppelturmfassade in der Normandie.

KLOSTER MARIA LAACH **S. 72** DACH **S. 168** BOGEN **S. 173** TURM **S. 174** ATRIUM **S. 180**
KIRCHENSCHIFF **S. 182** STEIN **S. 192** BACKSTEIN **S. 195** FLIESEN **S. 198** GLAS **S. 206**

Gotik

1140 – 1525

HAUPTVERTRETER: MATEUS FERNANDES • ARNOLFO DI CAMBIO • MATTHIAS VON ARRAS • JEAN DE CHELLES • HEINRICH PARLER • CONRAD PFLÜGER

WICHTIGE ENTWICKLUNGEN

Bis zum 16. Jahrhundert bezeichnete man die gotische Architektur als *Opus Francigenum* (französisches Werk). Ihre frühen Phasen werden häufig in Frühgotik (1140–1250) und Hochgotik (ca. 1250–1300) unterteilt. Danach entstanden nationale Varianten wie der englische Perpendicular Style und der französische und spanische Flamboyant-Stil. Sie alle sind gekennzeichnet durch weiteres Zierwerk, insbesondere sehr kunstvolles Fenstermaßwerk.

Kathedrale von Chartres, unbekannter Architekt, 1194–1250, Chartres, Frankreich

Der Ursprung des gotischen Stils liegt im Jahr 1140, als Abt Suger (ca. 1081–1151) einen neuen Chor für die Kathedrale von Saint-Denis erbauen ließ.

Suger schrieb über das Licht, das seine neue Kirche durchströmen und bei den Gläubigen ein Gefühl von Ehrfurcht erzeugen sollte. Um dies zu erreichen, gab er Spitzbögen, Kreuzrippengewölbe und hohe Buntglasfenster in Auftrag – diese Elemente wurden zu kennzeichnenden Stilmerkmalen der neuen Architektur.

Zu den großen ingenieurtechnischen Errungenschaften der gotischen Architektur zählten Strebebögen. Diese großen gebogenen Bauelemente an den Außenwänden trugen die Last der hohen Gewölbedecken und leiteten den Schub ab. Durch die bunt gefärbten Fenster wurden die Kirchen mit Licht und Farbe geflutet. Die Kombination dieser Elemente beeinflusste den Kirchenbau mehr als drei Jahrhunderte lang. Die erste gotische Kathedrale, Chartres, ist über einem kreuzförmigen Grundriss erbaut und wird in ihrer Außengestaltung von zwei unterschiedlichen Turmhelmen, ihren Strebebögen und einer mit biblischen Geschichten geschmückten Fassade geprägt.

Hohe, spitze Turmhelme sind ein typisches Merkmal des gotischen Kirchenbaus. Sie erfüllten eine Doppelfunktion: Zum einen waren sie aus großer Entfernung sichtbar, um die Gläubigen zu beruhigen und zu leiten; zum anderen schienen sie machtvoll direkt zu Gott hinauf zu weisen. Der Kircheninnenraum war nicht nur von den Farben der Buntglasfenster geprägt, sondern auch von Pfeilern, die hoch über die Gläubigen emporragten und die Gewölbe trugen – ein Sinnbild für den Himmel auf Erden.

→ KATHEDRALE VON CHARTRES **S. 78** DOGENPALAST **S. 86** BOGEN **S. 173** TURM **S. 174** TURMHELM **S. 184** STREBEBOGEN **S. 178** KIRCHENSCHIFF **S. 182** GEWÖLBE **S. 183** STEIN **S. 192** BACKSTEIN **S. 195** BUNTGLAS **S. 207**

Renaissance

HAUPTVERTRETER: FILIPPO BRUNELLESCHI • LEON BATTISTA ALBERTI • ANDREA PALLADIO • DONATO BRAMANTE • MICHELANGELO BUONARROTI

CA. 1452 – 1580

WICHTIGE ENTWICKLUNGEN

Donato Bramante schuf einen neuen Kirchenstil, in den er Elemente antiker Tempel integrierte. Diese Zentralbauten erheben sich über einem quadratischen, kreisförmigen oder oktogonalen Grundriss. Sein kreisrunder Tempietto in Rom ist ein kleiner Tempel, in dem klassische antike Elemente mit neuen Ideen verschmelzen. Kuppel, Kolonnaden und Gebälk sind aus der römischen Architektur übernommen. Die Balustrade und die christlichen Symbole hingegen sind neu.

Tempietto di San Pietro, Donato Bramante, 1502, Rom, Italien

Während der Renaissance war Italien eine Ansammlung von Stadtstaaten, deren starke Rivalität die technische und künstlerische Entwicklung vorantrieb.

Die Epoche begann um 1452, als der Architekt und Humanist Leon Battista Alberti (1404–1472) seine Abhandlung *De Re Aedificatoria* (*Über das Bauwesen*) vollendete, nachdem er die antiken Ruinen in Rom und Vitruvs *De Architectura* studiert hatte. In seinen Schriften beschäftigte er sich mit zahlreichen Themen, etwa Geschichte, Stadtplanung, Ingenieurskunst, sakrale Geometrie, Humanismus und Philosophie der Schönheit, und definierte die Schlüsselelemente der Architektur sowie ihre Idealproportionen. Immer mehr Architekturstudenten besuchten Rom, um die antiken Bauten und Ruinen, insbesondere das Kolosseum und das Pantheon (siehe Seite 60), zu studieren. Bald darauf wurden in Florenz große Bauwerke in diesem neuen Stil errichtet, etwa die Pazzi-Kapelle (1441–1478) und der Palazzo Pitti (1458–1464).

Die von Filippo Brunelleschi entworfene gewaltige Kuppel des Florentiner Doms, Santa Maria del Fiore (1294–1436), ist eine Meisterleistung der Ingenieurskunst. Brunelleschis Entdeckung der Zentralperspektive ermöglichte detaillierte Architekturzeichnungen. Santa Maria del Fiore gehört stilistisch der Frührenaissance an, führte aber mehrere Renaissance-Ideen ein. Die Renaissance begann in Italien und breitete sich dann allmählich in andere Teile Europas aus, wo sie unterschiedliche Interpretationen erfuhr.

SANTA MARIA DEL FIORE **S. 82** KUPPEL **S. 172** BOGEN **S. 173** TURM **S. 174** SÄULE **S. 177**
KIRCHENSCHIFF **S. 182** STEIN **S. 192** BACKSTEIN **S. 195** MARMOR **S. 200** BUNTGLAS **S. 207**

Mogul-Architektur

HAUPTVERTRETER: MIRAK MIRZA GHIYAS • MIR ABDUL KARIM • MAKRAMAT KHAN • USTAD AHMAD LAHORI • USTAD ISA SHIRAZI

1526 – 1857

Fort von Lahore, verschiedene Architekten, 1566–18. Jahrhundert, Lahore, Pakistan

WICHTIGE ENTWICKLUNGEN

Die gewaltige Festung am nördlichen Ende der ummauerten Altstadt von Lahore in Pakistan wurde während der Regierungszeit von Akbar I. fast vollständig wiederaufgebaut. Später ergänzte man detailliertes Zierwerk, darunter Marmor und Einlegearbeiten aus Spiegelscherben sowie Mosaike aus hochglanzpolierten farbigen Steinen, sogenannten Pietra dura. Das große Alamgiri-Tor wurde unter dem Großmogul Aurangzeb errichtet, der von 1658 bis 1707 regierte.

Während der Mogul-Herrschaft (1526–1857) entwickelte sich in Nord- und Mittelindien eine Architektur, in der hinduistische und muslimische Stilmerkmale, die aus Indien wie aus Persien übernommen wurden, verschmelzen.

Typisch für den Mogul-Stil sind zweischalige Kuppeln, überdimensionale Portalbögen, Symmetrie und filigranes Zierwerk. Er entwickelte sich zunächst unter Akbar I. (1542–1605) mit dem Mausoleum für den Großmogul Humayun (1508–1556) in Delhi. Das Bauwerk wurde 1565 von Humayuns Witwe Bega „Haji" Begum (ca. 1522–1582) in Auftrag gegeben und von dem persischen Architekten Mirak Mirza Ghiyas entworfen. Es ist das erste Gebäude, das in großen Teilen aus rotem Sandstein errichtet wurde, und das erste indische Gebäude mit einer persischen Doppelschalenkuppel.

Ihren Höhepunkt erreichte die Mogul-Architektur unter Shah Jahan, der von 1628 bis 1658 herrschte, mit dem Taj Mahal in Agra, einem Mausoleum aus weißem Marmor, das 1632 in Auftrag gegeben wurde. Das Gebäude steht auf einer großen quadratischen Plinthe, hat vier nahezu identische Fassaden, die jeweils von einem hohen Portalbogen durchbrochen sind, und wird überrragt von einer großen Doppelschalenkuppel und einer Kreuzblume, in der sich islamische und hinduistische Symbolik verbinden. Über den Ecken des Unterbaus erheben sich vier hohe Minarette. Der Außendekor besteht aus Kalligraphie, abstrakten Formen, Koranversen und Pflanzenmotiven, während die Wände im Gebäudeinnern mit Einlegearbeiten aus Edelsteinen und Halbedelsteinen verziert sind.

→ TAJ MAHAL **S. 98** KUPPEL **S. 172** BOGEN **S. 173** TURM **S. 174** BACKSTEIN **S. 195** FLIESEN **S. 198** MARMOR **S. 200** GLAS **S. 206**

Palladianismus

HAUPTVERTRETER: ANDREA PALLADIO • WILLIAM KENT • HENRY FLITCROFT • INIGO JONES • VINCENZO SCAMOZZI • COLEN CAMPBELL • RICHARD BOYLE

1556 – 1736

Chiswick House, Richard Boyle (Lord Burlington) und William Kent, 1726–1729, Chiswick, London, Großbritannien

Der Palladianismus wurde nach dem italienischen Renaissance-Architekten Andrea Palladio benannt und war ein vom 17. bis zum 19. Jahrhundert in Europa und Amerika verbreiteter Architekturstil.

Ausgehend von den Theorien Vitruvs interpretierten Palladio und sein Assistent Vincenzo Scamozzi die römische Architektur neu. 1570 veröffentlichte Palladio sein Werk *I Quattro Libri dell'Architettura (Die vier Bücher über die Baukunst)*, in dem er darlegt, wie sein Schaffen sich auf Symmetrie, Proportionen und eine persönliche Interpretation der klassischen Ordnungen gründet.

Inigo Jones nahm Palladios Ideen mit nach Großbritannien und kombinierte sie mit Stilelementen anderer Renaissance-Architekten. Das Banqueting House (1619–1622) in Whitehall und das Queen's House (1616–1635) in Greenwich sind zwei seiner palladianischen Bauten in London. Der Palladianismus, dessen Ausdrucksformen von Land zu Land leicht variieren, wurde auf Kirchen, Paläste, Landhäuser und städtische Gebäude angewandt; ganz besonderen Einfluss nahm er auf den privaten Wohnungsbau. Ein zentrales Element war der Portikus; von ihm aus entwickelte die klassisch gestaltete Fassade ein symmetrisches Panorama. Betont wurde die Balance von leerem Raum und solider Bauweise; zudem wurden palladianische Villen stets auf Podesten errichtet, die man über ausladende Treppen erreichte.

In den Vereinigten Staaten wurden öffentliche Gebäude bis in die 1930er Jahre bevorzugt im palladianischen Stil erbaut. Auch heute noch greifen viele Architekten Palladios Vorstellungen von Planung und Proportionen auf.

WICHTIGE ENTWICKLUNGEN

Das offenbar von Palladios Villa La Rotonda aus dem 16. Jahrhundert inspirierte Chiswick House führt mit seinem Portikus und den korinthischen Säulen an der Stirnseite die palladianische Bedeutung der Symmetrie vor Augen. Eine vom Pantheon inspirierte flache, getreppte Kuppel überspannt einen achteckigen Raum; die Schornsteine werden von Obelisken kaschiert. Auf der Rückseite befinden sich drei Venezianische Fenster, die ebenfalls Palladio populär machte.

VILLA LA ROTONDA **S. 96** KUPPEL **S. 172** TREPPE **S. 176** SÄULE **S. 177** STEIN **S. 192**
BACKSTEIN **S. 195** MARMOR **S. 200** BETON **S. 201** STUCK **S. 205** GLAS **S. 206**

Barock

1624 – 1746

HAUPTVERTRETER: GIAN LORENZO BERNINI • CARLO MADERNO • JOHANN BERNHARD FISCHER VON ERLACH • FRANCESCO BORROMINI

Als erste wahrhaft internationale Architekturbewegung verbreitete sich der Barock mit stark variierenden Interpretationen in Europa und Lateinamerika.

Der Barock entstand, etwas verspätet, aus der Gegenreformation und war ein Versuch der katholischen Kirche in Rom, ihre Macht zu demonstrieren und die Herrlichkeit Gottes zu betonen. Als Bezeichnung für diesen extravaganten, theatralischen, von Unregelmäßigkeit geprägten Kunst- und Gestaltungsstil, der vom frühen 17. bis Mitte des 18. Jahrhunderts andauerte, wählte man das portugiesische Wort *barroco*, das eine ungleichmäßig geformte Perle beschreibt.

Die ersten barocken Gebäude waren Kathedralen, Kirchen und Klöster. Doch bald schon folgten städtische Gebäude, Herrenhäuser und Paläste. Der Stil ist gekennzeichnet von Komplexität und Dynamik. Erstmals tauchten an Mauern, Fassaden und in Innenräumen geschwungene, wellenförmige Strukturen auf, Windungen und Spiralen; außerdem wurde der Kontrast von Licht und Schatten betont. Die Decken waren gewölbt und mit kunstvollen Trompe-l'œil-Malereien verziert. Gian Lorenzo Bernini (1598–1680) führte neben vielen anderen Neuerungen Spiralsäulen ein, die seinen großen Baldachin (1623) im Petersdom in Rom tragen. Einer seiner Rivalen, Francesco Borromini (1599–1667), bemühte sich um eine individuelle Interpretation klassischer Ausdrucksformen, arbeitete viel mit Symbolen und schuf markante, verschnörkelte Designs. Pietro Cortona (1596–1669), ein weiterer Barock-Architekt, entwarf für seine Kirche Santi Luca e Martina (1635–1664) in Rom eine der ersten gekrümmten Fassaden.

WICHTIGE ENTWICKLUNGEN

Die Kirche Santa Maria della Salute, in der sich Drama, Ausgewogenheit und Beständigkeit ausdrücken, ist eine der ersten Barockkirchen in Venedig. Das weitläufige achteckige Gebäude nach einem Entwurf von Baldassare Longhena (1598–1682) ist auf einer hölzernen Plattform errichtet und besitzt zwei Kuppeln sowie zwei Campanili (Glockentürme). Riesige Voluten fungieren als Strebebögen, die den Tambour der Hauptkuppel stützen.

Santa Maria della Salute, Baldassare Longhena, 1631–1687, Venedig, Italien

PETERSDOM **S. 90** SCHLOSS VERSAILLES **S. 102** KUPPEL **S. 172** BOGEN **S. 173** TURM **S. 174** SÄULE **S. 177** GEWÖLBE **S. 183** STEIN **S. 192** BACKSTEIN **S. 195** MARMOR **S. 200** GLAS **S. 206**

Rokoko

1717 – 1766

HAUPTVERTRETER: FRANCESCO BARTOLOMEO RASTRELLI • MATEUS VICENTE DE OLIVEIRA • JOHANN MICHAEL FISCHER • JUSTE-AURÈLE MEISSONNIER

Die schwere Pracht der barocken Außengestaltung des Schlosses von Versailles kontrastiert mit der leichten, verspielten, etwas frivolen Innengestaltung im Stil des Rokoko.

Der Name Rokoko leitet sich von den französischen Wörtern *rocaille* (ein von Muscheln überzogener Fels) und *coquille* (Muschel) ab. Rokoko-Architektur ist fantasiereich und schwungvoll, betont die Asymmetrie und macht großzügigen Gebrauch von gewundenen Linien, spiralförmigen Windungen, Vergoldungen und Ornamenten. Der skurrile, extravagante Stil erfreute sich bei den Machthabern des 18. Jahrhunderts großer Beliebtheit, war allerdings relativ kurzlebig.

Die Rokoko-Architektur entwickelte sich in Frankreich aus einer neuen Mode in der Innengestaltung und verbreitete sich dann über Europa. Häufig ist sie gekennzeichnet von filigranem Zierwerk, Gold und zarten Farben, bisweilen nimmt sie chinesische Einflüsse auf. Eines der berühmtesten Bauwerke der Rokoko-Architektur ist die von 1745 bis 1754 errichtete Wieskirche im bayerischen Steingaden. Die Brüder Dominikus und Johann Baptist Zimmermann entwarfen das Gebäude über einem ovalen Grundriss, mit Säulen, Kranzgesims und Holzgewölben und kleideten es mit kunstvollem, vergoldetem Stuck und farbenfrohen Trompe-l'œil-Malereien aus.

Weitere bedeutende Rokoko-Bauten sind der Nationalpalast von Queluz (1747–1792) in Portugal, entworfen von Mateus Vicente de Oliveira (1706–1786), und das kleeblattförmige Chinesische Haus (1754–1764) in Potsdam von Johann Gottfried Büring (1723–nach 1788) mit seinen vergoldeten Außensäulen und Chinoiserien.

Katharinenpalast,
Fracesco Bartolomeo Rastrelli,
1752–1756, Zarskoje Selo, Russland

WICHTIGE ENTWICKLUNGEN

Der Katharinenpalast, in dem sich die absolute Macht der Monarchie ausdrückt, ist genauso weitläufig und prachtvoll wie der Winterpalast (1754) in Sankt Petersburg und das Schloss von Versailles. Die flamboyante Stuckfassade des für Kaiserin Elisabeth (1709–1762) erbauten und nach ihrer Mutter benannten Palastes wird regelmäßig von übergiebelten Vorsprüngen aufgebrochen, die reich vergoldet und mit kunstvollen Balkonen versehen sind.

SCHLOSS VERSAILLES **S. 102** WIESKIRCHE **S. 108** KUPPEL **S. 172** TURM **S. 174** GEWÖLBE **S. 183**
INNENHOF **S. 175** SÄULE **S. 177** STEIN **S. 192** BACKSTEIN **S. 195** MARMOR **S. 200** STUCK **S. 205** GLAS **S. 206**

Klassizismus

1748 – 1850

HAUPTVERTRETER: JACQUES-GERMAIN SOUFFLOT • JOHN SOANE • JOHN NASH • CARL GOTTHARD LANGHANS • ROBERT ADAM • GIACOMO QUARENGHI

Zu den Stilmerkmalen der klassizistischen Architektur gehören griechische oder römische Details, schmucklose weiße Wände und herrschaftliche Ausmaße.

Die Ausgrabungen in Pompeji und Herculaneum im 18. Jahrhundert – beide Orte waren 79 v. Chr. bei einem Ausbruch des Vesuvs unter der Lava begraben worden – zogen eine Rückkehr zu Ordnung und Rationalität nach sich. Eines der ersten klassizistischen Gebäude, die Kirche Sainte Geneviève in Paris (1756–1797), wurde nach einem Entwurf von Jacques Germain Soufflot (1713–80) erbaut und 1791 zu einem weltlichen Mausoleum, dem Panthéon, umgewidmet. Zur selben Zeit erkundete Claude-Nicolas Ledoux (1736–1806) in seinen Bauten und Stadtplanungen die reine Form. In Berlin ließ sich Karl Friedrich Schinkel (1781–1841) für sein Altes Museum (1823–1830) vom Pantheon in Rom inspirieren, während sich Carl Gotthard Langhans (1732–1808) bei seinem Entwurf für das Brandenburger Tor (1793) die Propyläen in Athen zum Vorbild nahm. In Großbritannien widmeten sich John Nash (1752–1835) und John Wood der Jüngere (1728–1781) der Umgestaltung von London und Bath, indem sie klassizistische Straßen, Crescents (halbmondförmig zurückschwingende Häuserreihen) und Parks anlegten. In Russland errichtete Charles Cameron (1745–1812) den Palast in Pawlowsk bei St. Petersburg (1782–1786).

Extrem populär wurde der Stil in den seit kurzem unabhängigen Vereinigten Staaten. William Thornton und Thomas Ustick Walter wandten ihn für den Bau des Kapitols in Washington, DC an; James Hoban (1758–1831) für das Weiße Haus (1792–1829; siehe Seite 177). Die klaren Linien und die strukturierte Gliederung, die ein Gefühl von Ausgewogenheit erzeugen, funktionierten sowohl bei großen wie auch bei kleineren Gebäuden.

WICHTIGE ENTWICKLUNGEN

Der dritte Präsident der Vereinigten Staaten, Thomas Jefferson, legte seinen Entwürfen für das Virginia State Capitol in Richmond (1788) und die Rotunda der University of Virginia in Charlottesville (1822–1826) palladianische und klassische Ideale zugrunde. Bei den Größenverhältnissen der Rotunda orientierte er sich an denen des Pantheons; zudem folgte er den Grundsätzen Palladios.

Rotunda, Thomas Jefferson, 1822–1826, Charlottesville, Virginia, USA

KAPITOL **S. 112** KUPPEL **S. 172** BOGEN **S. 173** SÄULE **S. 177** GEWÖLBE **S. 183** BACKSTEIN **S. 195** HOLZ **S. 196** STUCK **S. 205** GLAS **S. 206** EISEN **S. 208**

Neugotik

HAUPTVERTRETER: AUGUSTUS PUGIN • EUGÈNE EMMANUEL VIOLLET-LE-DUC • DAVID BRYCE • EMANUELE LUIGI GALIZIA • LOUIS DELACENSERIE

1740S
–
CA. 1920

Nachdem der italienische Künstler, Architekt und Autor Giorgio Vasari (1511–1574) während der Renaissance den gotischen Stil mit Spott überzogen hatte, nahm die Wertschätzung für die mittelalterliche Architektur ab.

Ihre Rehabilitation begann in den 1740er Jahren in Großbritannien mit dem von Schriftsteller Horace Walpole (1717–1797) entworfenen Landhaus Strawberry Hill bei Twickenham (1749–1766). In den 1830er Jahren betrachteten immer mehr Architekten den Neoklassizismus als heidnisch und orientierten sich deshalb zunehmend an dem vermeintlich gottesfürchtigeren gotischen Stil. Sie verwendeten Spitzbögen, steile Dächer, Kreuzblumen, Lanzettfenster und dekoratives Maßwerk, nutzten aber häufig andere Materialien, etwa Backstein oder Gusseisen.

Die Neugotik, die sich über Europa, Indonesien, die Philippinen, Kanada und die USA ausbreitete, dauerte bis zum 20. Jahrhundert an. In Frankreich lenkte Victor Hugos (1802–1885) 1831 veröffentlichtes Werk *Der Glöckner von Notre Dame* die Aufmerksamkeit auf die ursprüngliche gotische Architektur und löste einen ähnlichen Trend aus. Einen weiteren Anstoß gab die Restaurierung der Kathedrale Notre Dame in Paris und der Kathedrale von Amiens durch Eugène Emmanuel Viollet-le-Duc (1814–1879) zwischen 1844 und 1850.

In London entwarfen Charles Barry und Augustus Pugin den Palace of Westminster; George Gilbert Scott (1811–1878) schuf den Bahnhof Saint Pancras (1868–1876). In New York City entwarf Cass Gilbert (1859–1934) das Woolworth-Gebäude (1913) mit gotischen Details – es war 20 Jahre lang das höchste Bauwerk der Welt.

WICHTIGE ENTWICKLUNGEN

Das von Friedrich Schmidt (1825–1891) entworfene Wiener Rathaus ist überwiegend im neugotischen Stil erbaut, weist aber auch barocke Elemente auf. Fünf Türme, darunter ein 98 Meter hoher Hauptturm, ragen in den Himmel. Der große, sechsgeschossige Backsteinbau mit seinem Zierwerk aus Kalkstein ist um sieben Innenhöfe herum angeordnet.

Wiener Rathaus,
Friedrich Schmidt, 1872–1883,
Wien, Österreich

PALACE OF WESTMINSTER **S. 114** BOGEN **S. 173** TURM **S. 174** GEWÖLBE **S. 183** TURMHELM **S. 184**
STEIN **S. 192** BACKSTEIN **S. 195** HOLZ **S. 196** BUNTGLAS **S. 207** EISEN **S. 208**

Shaker-Architektur

HAUPTVERTRETER: MOSES JOHNSON • MICAJAH BURNETT • DANIEL GOODRICH

1774 – 1900

Familien-Wohnhaus,
Micajah Burnett, 1824–1834,
Pleasant Hill, Kentucky, USA

Die Shaker (eigentlich: United Society of Believers in Christ's Second Appearing) wurden von der in England geborenen Ann Lee (1736–1784) gegründet, die 1774 nach Nordamerika emigrierte und die Glaubensgemeinschaft dort etablierte.

Die Shaker-Gemeinden wuchsen und errichteten Dörfer, zunächst im Osten der USA; dann breiteten sie sich immer mehr nach Westen aus. Mitte des 19. Jahrhunderts gab es 19 Siedlungen und insgesamt etwa 6000 Shaker, vor allem in New England, New York und Kentucky.

In dem Shaker-Text *The Millennial Laws* aus dem Jahr 1821 waren strenge architektonische Regeln festgelegt. Die in Gemeinschaften lebenden Shaker brachten in ihren Bauten zum Ausdruck, dass sie ornamentale Elemente wie Gesimse und Kranzgesimse für überflüssig, Einfachheit, Nutzwert, gutes Handwerk und Ordnung hingegen für äußerst wichtig hielten. Licht und Reinheit sollten das Böse fernhalten, weshalb die Shaker ihre Gebäude mit zahlreichen Fenstern versahen – diese Unterordnung der Form unter die Funktion sollte später von mehreren Architekten der Moderne propagiert werden.

Shaker-Häuser waren auf das Wesentliche beschränkt. Die wichtigsten Gebäude waren die Meeting Houses, die im Erdgeschoss einen großen Raum für die rituellen „Schütteltänze“ enthielten. Zwar ist die frühe Shaker-Architektur von Strenge und Einfachheit gekennzeichnet, doch Ende des 19. Jahrhundert tauchten einige etwas kunstvollere Elemente auf, etwa Erkerfenster, Türme und Portale.

WICHTIGE ENTWICKLUNGEN

Das von Micajah Burnett (1791–1879) und Moses Johnson (1752–1842) entworfene Shaker-Dorf Pleasant Hill war von 1805 bis 1910 bewohnt. Die Architektur folgte den Shaker-Richtlinien, war aber auch von dem populären Federal Style beeinflusst. Das Dorf bestand aus Wohnhäusern, Scheunen und einem Wasserturm, der die Küchen, Keller und Waschhäuser des Dorfes mit Wasser versorgte.

HANCOCK SHAKER VILLAGE **S. 110** BACKSTEIN **S. 195** HOLZ **S. 196** GLAS **S. 206**

Chicagoer Schule

1879 – 1910

HAUPTVERTRETER: DANKMAR ADLER • DANIEL BURNHAM • MARTIN ROCHE • WILLIAM HOLABIRD • WILLIAM LE BARON JENNEY • LOUIS SULLIVAN

WICHTIGE ENTWICKLUNGEN

Das Carson, Pirie, Scott and Company Building wurde von Louis Sullivan mit einem Stahlskelett entworfen, das den Einbau großer Fenster ermöglichte, sodass die Innenräume von Tageslicht durchflutet wurden. Zwischen den Fenstern wurden leichte Bänder aus gebranntem Ton und bronzeüberzogenem Gusseisen angebracht, die den runden Turm dekorieren und schützen sollten. Bronze und gebrannter Ton waren eine für die damalige Zeit ungewöhnliche Wahl, dafür aber feuerfest und preisgünstig.

Die Bezeichnung Chicagoer Schule (auch Schule von Chicago) beschreibt mehrere Architekten, die zwar keine kohärente Gruppe bilden, aber um die Wende zum 20. Jahrhundert in Chicago tätig waren.

Im späten 19. Jahrhundert entwickelten verschiedene Architekten und Ingenieure in der Stadt den Wolkenkratzer, der damals als Gebäude mit mehr als zehn Etagen definiert wurde. Zwar folgten diese Architekten keinem festgelegten Stil, aber sie zählten zu den ersten, die die neue Technologie der Stahlrahmenkonstruktion nutzten und deren Bauten durch große Glasfenster und reduzierte Außendekoration gekennzeichnet sind. Viele Wolkenkratzer der Chicagoer Schule sind entsprechend der drei Bereiche einer klassischen Säule gegliedert: Die untersten Etagen bilden die Basis, die mittleren den Schaft und die oberste, die häufig mit einem Kranzgesims abschließt, das Kapitell.

Das Home Insurance Building, dass gemeinhin als erster Wolkenkratzer der Welt gilt, wurde 1884 von William Le Baron Jenney (1832–1907) entworfen, der als „Vater des amerikanischen Wolkenkratzers“ bekannt wurde. Auf dem sumpfigen Boden, auf dem große Teile Chicagos errichtet sind, konnte man hohe Gebäude nicht auf konventionelle Weise bauen. Also ersannen Architekten und Ingenieure neuartige Methoden. Dankmar Adler zum Beispiel nutzte seine Erfahrung als Militäringenieur, um eine Fundamentplatte aus Holz, Stahlträgern und eisernen Doppel-T-Trägern zu erfinden.

Carson, Pirie, Scott and Company Building, Louis Sullivan, 1899, Chicago, USA

WAINWRIGHT BUILDING **S. 122** TURM **S. 174** BACKSTEIN **S. 195** HOLZ **S. 196** BETON **S. 201** GLAS **S. 206** EISEN **S. 208** STAHL **S. 209**

Arts and Crafts

1880 – 1920

HAUPTVERTRETER: RICHARD NORMAN SHAW • WILLIAM RICHARD LETHABY • C. F. A. VOYSEY • M. H. BAILLIE SCOTT • C. R. ASHBEE • PHILIP WEBB

Ende des 19. Jahrhunderts machten sich mehrere britische Architekten und Designer daran, die Handwerkskunst wiederzubeleben. Sie wollten weg von dem, was sie als die negativen Auswirkungen der Industrialisierung betrachteten.

Angestoßen wurde die Arts-and-Crafts-Bewegung von dem britischen Literaten, Künstler, Kunstgewerbler und Sozialreformer William Morris, der anfänglich Theologie studiert, sich aber früh der Architektur zugewandt hatte. Morris und seine Anhänger waren der Exzesse der Viktorianischen Architektur und des Viktorianischen Designs überdrüssig und überzeugt, dass Maschinen und Massenproduktion die Lebensqualität einschränkten. Sie strebten nach einer Rückkehr zu einer vorindustriellen Gesellschaft und wollten die mittelalterlichen Methoden des kunstfertigen, individuellen Bauens und der gemeinschaftlichen Werkstätten wiederbeleben. Sie wollten mit ortstypischen Materialien arbeiten und auf jeglichen verschnörkelten, aufgesetzten, künstlichen Stil verzichten. Ihre Vorstellungen von gutem Design standen in Zusammenhang mit ihren Vorstellungen von einer glücklichen Gesellschaft, und wenngleich die Arts-and-Crafts-Bewegung viele kunstvolle, farbenfrohe Dekorgegenstände hervorbrachte, war doch ihre Architektur schlicht und schmucklos.

Der Kunstmäzen, Kritiker, Zeichner, Aquarellmaler und Philantroph John Ruskin (1819–1900), der der Bewegung angehörte, war überzeugt, dass die Arbeitsteilung der Industriellen Revolution ungesund sei. Nach 1900 verbreitete sich die Bewegung über Europa, insbesondere nach Deutschland, mit der Gründung des Deutschen Werkbunds im Jahr 1907, und in die USA, wo der Möbelhersteller Gustav Stickley (1858–1942), der die Zeitschrift *The Craftsman* ins Leben rief, eine führende Rolle spielte.

WICHTIGE ENTWICKLUNGEN

Das Red House in Bexleyheath, London, wurde 1859 von dem Architekten Philip Webb zusammen mit William Morris entworfen. Es steht beispielhaft für den frühen Arts-and-Crafts-Stil. Für den Bau wurden ortstypische Materialien benutzt, die ehrlich und unverhüllt eingesetzt wurden, etwa in den roten Backsteinfassaden, die aus jedem Winkel anders aussehen, großen Toren, Fensterbögen, Spitzdächern, großen Kaminen und einem asymmetrischen Grundriss.

Red House, Philip Webb und William Morris, 1859–1860, Bexleyheath, London, Großbritannien

RED HOUSE **S. 116** BOGEN **S. 173** STEIN **S. 192** BACKSTEIN **S. 195** HOLZ **S. 196** FLIESEN **S. 198** BUNTGLAS **S. 207**

Jugendstil

HAUPTVERTRETER: HECTOR GUIMARD • HENRY VAN DE VELDE • VICTOR HORTA • OTTO WAGNER • JOSEF HOFFMANN • ANTONI GAUDÍ

1883 – 1914

WICHTIGE ENTWICKLUNGEN

Antoni Gaudí ist der bekannteste Vertreter des katalanischen Modernisme. Seine organische Architektur zeigt Einflüsse japanischen Designs und der Neugotik und ist mit Handwerkskunst wie Skulpturen, Buntglas, Schmiedeeisen, Zimmermannsarbeiten sowie Trencadís (mosaikähnliche Fliesen) ausgestattet. Gaudí, der häufig an mehreren Projekten gleichzeitig arbeitete, erbaute zwischen 1904 und 1912 die Casa Batlló und die Casa Milà.

Casa Milà, Antoni Gaudí, 1906–1910, Barcelona, Spanien

Der Jugendstil, der sich von den frühen 1890er Jahren bis zum Ausbruch des Zweiten Weltkriegs in vielen Ländern großer Beliebtheit erfeute, war eine einflussreiche, wenngleich relativ kurzlebige Kunst- und Designbewegung.

Er entwickelte sich fast zeitgleich in Europa und Amerika und versuchte, dem Zeitalter auf einzigartige, moderne Weise Ausdruck zu verleihen. Die Architekten und Designer, die sich auf natürliche Formen, Asymmetrie und geschwungene Linien konzentrierten, wollten die überladene Ornamentik des Viktorianischen Zeitalters und das historisierende Bauen hinter sich lassen. Sie nahmen vielerlei Einflüsse auf, etwa aus der Arts-and-Crafts-Bewegung, der keltischen Kunst, der Neugotik, dem Rokoko, dem Ästhetizismus und dem Symbolismus, aber auch Aspekte des japanischen Designs. Häufig benutzten sie Materialien wie Eisen und Glas. Der Jugendstil ist durch bestimmte Charakteristika gekennzeichnet, hat aber, unter verschiedenen Namen, auch viele regionale und nationale Varianten ausgebildet.

Zu internationaler Berühmtheit gelangte der Stil quasi über Nacht durch die Pariser Weltausstellung im Jahr 1900. Zu den Konstruktionen, die auf der Ausstellung sowohl die neue Technologie als auch die neuen Ideen vor Augen führen sollten, zählten die von René Binet (1866–1911) entworfene kuppelförmige Porte Monumentale; der großartig beleuchtete Palais d'Electricité von Eugène Hénard (1849–1923); der Pavillon Bleu, ein großes Restaurant am Fuße des Eiffelturms von Gustave Serrurier-Bovy (1858–1910); und die aus Eisen und Glas errichteten Eingänge zu den Metrostationen von Hector Guimard (1867–1942).

SAGRADA FAMÍLIA **S. 120** U-BAHN-STATION KARLSPLATZ **S. 124** KUPPEL **S. 172** BOGEN **S. 173** TURM **S. 174** TURMHELM **S. 184** BACKSTEIN **S. 195** FLIESEN **S. 198** BETON **S. 201** EISEN **S. 208** STAHL **S. 209**

Moderne

1900 –

HAUPTVERTRETER: ADOLF LOOS • AUGUSTE PERRET • HENRI LABROUSTE • PETER BEHRENS • ADOLF MEYER • FRANK LLOYD WRIGHT

Die Architektur der Moderne, die sich ab dem frühen 20. Jahrhundert weltweit entwickelte, mied alles Ornamentale und strebte stattdessen nach Minimalismus und der Verwendung moderner Materialien.

Sie entstand zunächst in Europa und ließ sich von Kunstrichtungen wie der Arts-and-Crafts-Bewegung, dem Jugendstil, der Chicagoer Schule, der Wiener Werkstätte (gegründet 1903 in Wien) und dem Deutschen Werkbund (gegründet 1907 in München) inspirieren. Den Schwerpunkt legte sie dabei auf Funktionalität, Sichtbarkeit der Materialien und Vermeidung dekorativer Elemente.

Ein frühes Bauwerk, das großen Einfluss auf die Architektur der Moderne ausüben sollte, war die AEG-Turbinenhalle in Berlin. Das von Peter Behrens 1909 entworfene Gebäude bestand aus Stahl, Glas und Stein. Im Jahr 1910 hielt der österreichisch-tschechische Architekt und Theoretiker Adolf Loos (1870–1933) eine Vorlesung mit dem Titel *Ornament und Verbrechen*, die später als Essay veröffentlicht wurde. Seiner Argumentation folgend entwarf Loos das Haus Steiner in Wien (1910), das ohne jegliche Ornamentik auskommt.

Zur Blüte gelangte die Moderne in den 1920er und 1930er Jahren mit dem Bauhaus und dem Internationalen Stil, die beide durch Asymmetrie, flache Dächer, große Fenster, Metall, Glas, weiß verputzte Flächen und offene Innenräume gekennzeichnet sind.

Die Architektur der Moderne bildete allerhand nationale Varianten aus. In der Sowjetunion gründeten mehrere Architekten, darunter Nikolai Ladowski (1881–1941) und Wladimir Krinski (1890–1971), 1923 die Vereinigung ASNOVA. Wegen ihrer funktionalen Bauten wurden sie als „Rationalisten" bekannt.

WICHTIGE ENTWICKLUNGEN

Die Architektur der Moderne war geprägt von einer analytischen Herangehensweise an die Funktion eines Gebäudes, die rationale Verwendung von Materialien und das Vermeiden von Ornamenten. Beeinflusst von Behrens' AEG-Turbinenhalle entwarfen Walter Gropius und Adolf Meyer ab 1911 die Fassade des Fagus-Werks im niedersächsischen Alfeld. Dabei verwendeten sie breite, flache Fenster und betonten die Horizontale.

Fagus-Werk, Walter Gropius und Adolf Meyer, 1911–1925, Alfeld, Niedersachsen, Deutschland

VILLA SAVOYE **S. 134** SÄULE **S. 177** TERRASSE **S. 187** STEIN **S. 192** BACKSTEIN **S. 195** BETON **S. 201** GLAS **S. 206** STAHL **S. 209**

Organische Architektur

HAUPTVERTRETER: FRANK LLOYD WRIGHT • BRUCE GOFF • HUGO HÄRING • IMRE MAKOVECZ • LOUIS KAHN

1908 – 1959

Frank Lloyd Wright prägte die Bezeichnung organische Architektur für Gebäude, die sich harmonisch in ihre Umgebung einfügten.

Gegen Ende seines Lebens erklärte er diesen Ansatz wie folgt: „Ich hätte gern eine freie Architektur. Ich hätte gern eine Architektur, die dorthin gehört, wo man sie stehen sieht, und die die Landschaft verschönert anstatt sie zu verunstalten." Wright war der Ansicht, dass Architektur aus ihrem Ort und ihrer Zeit heraus entstehen, eng mit einem bestimmten Standort verbunden sein und niemals aus einem vorgegebenen oder künstlichen Stil heraus erschaffen werden sollte. Ab 1908 schuf er Gebäude, die sich scheinbar spontan aus ihrer Umgebung entwickeln. Das schlug sich in seiner Auswahl der Materialien, Formen und Farben nieder, in denen sich die Natur widerspiegelt und die auf seine Wertschätzung der japanischen Kultur verweist.

Wright war außerdem der Meinung, dass die verwendeten Materialien nicht versteckt werden und Innenräume so offen wie möglich sein sollten. Bereitwillig nutzte er neue Technologien, Maschinen und Materialien. Aus diesem Verschmelzen von Natur und Moderne sowie seinen kreativen Lösungen für individuelle Probleme entstanden außergewöhnliche architektonische Werke. Wrights Idealvorstellungen übten großen Einfluss aus, etwa auf Santiago Calatrava (geb. 1951), der für seine häufig skulpturalen Entwürfe wie die Brücke Bac de Roda (1985–1987) in Barcelona und das Atrium des Brookfield Place (1990) in Toronto bekannt geworden ist. Jørn Utzons Opernhaus in Sydney ist ein weiteres Beispiel für organische Architektur.

WICHTIGE ENTWICKLUNGEN

Fallingwater folgt Wrights Grundsätzen der organischen Architektur. Es erhebt sich auf Pfeilern über dem auskragenden Felsen des darunter liegenden Wasserfalls und spiegelt diese natürliche Struktur mit seinen auskragenden Betonbalkonen. Durch seine Form und die verwendeten Materialien fügt sich das Gebäude harmonisch in seine Umgebung ein, ohne sie zu imitieren.

Fallingwater, Frank Lloyd Wright, 1936–1939, Bear Run, Pennsylvania, USA

FALLINGWATER **S. 138** OPERNHAUS VON SYDNEY **S. 142** SÄULE **S. 177** AUSKRAGUNG **S. 189** STEIN **S. 192** BACKSTEIN **S. 195** HOLZ **S. 196** BETON **S. 201** GLAS **S. 206**

Futurismus

HAUPTVERTRETER: ANTONIO SANT'ELIA • MARIO CHIATTONE • ANGIOLO MAZZONI • VIRGILIO MARCHI • OSCAR NIEMEYER

1909 – 1933

Der Architekt Antonio Sant'Elia (1888–1916), ein Vertreter des italienischen Futurismus, brachte im frühen 20. Jahrhundert seine Visionen für die Städte der Zukunft in vielen Zeichnungen zum Ausdruck.

Sant'Elias Pläne wurden nie verwirklicht, wie überhaupt nur wenige futuristische Architekturprojekte umgesetzt wurden. Doch seine Zeichnungen veranschaulichen die Theorien des Futurismus, der die Technologie und das Maschinenzeitalter pries und großen Einfluss ausübte. Den Beginn des Futurismus markierte im Jahr 1909 ein Manifest des Dichters Filippo Tommaso Marinetti (1876–1944), der darin seine Ablehnung der Vergangenheit zum Ausdruck brachte und den Krieg und die Maschinen verherrlichte. Zu den Stilmerkmalen der futuristischen Architektur gehörten ungewöhnliche Winkel, scharfe Kanten, Schrägen, Kuppeln, glatte Linien und metallische Komponenten. Es folgten weitere Manifeste, die das moderne Leben feierten und einen Bruch mit der Vergangenheit sowie einer Hinwendung zu Technologie, Krieg, Geschwindigkeit und Zukunft forderten.

1912 gründete Sant'Elia mit Mario Chiattone (1891–1957) in Mailand ein Designbüro, wo er kühne, anschauliche Skizzen für *La Città Nuova (Die neue Stadt)* anfertigte, bestehend aus Wolkenkratzern mit hohen Brücken und hängenden Gehwegen. 1914 erschien ein weiteres, größtenteils von Sant'Elia verfasstes Manifest, *Futurist Architecture*. Darin umriss er eine neue Welt aus riesigen, dynamischen Städten und erklärte: „Wir müssen die futuristische Stadt wie einen riesigen, lärmenden Bauplatz planen und erbauen, beweglich und dynamisch in allen ihren Teilen, und das futuristische Haus wie eine gigantische Maschine."

WICHTIGE ENTWICKLUNGEN

Sant'Elias Vision der modernen Stadt entsprach einer gigantischen Maschine mit zahlreichen Straßen und Wegen in unterschiedlichen Höhen, etwa Fußgängerwegen, Straßen und Eisenbahnstrecken aus Glas und Metall. Seine Entwürfe sollten mit neuen Materialien, ohne Ornamente oder Dekoration umgesetzt werden und schräge wie elliptische Formen enthalten, um den Eindruck von Dynamik zu erwecken und die Vergangenheit vollständig hinter sich zu lassen.

La Città Nuova: Stufenhaus mit Aufzügen von vier Straßenebenen, Antonio Sant'Elia, 1914

→ KATHEDRALE VON BRASÍLIA **S. 144** BOGEN **S. 173** TURM **S. 174** SÄULE **S. 177** AUSKRAGUNG **S. 189** STEIN **S. 192** BACKSTEIN **S. 195** BETON **S. 201** GLAS **S. 206** EISEN **S. 208** STAHL **S. 209**

Expressionismus

1910 – 1933

HAUPTVERTRETER: ERICH MENDELSOHN • FRITZ HÖGER • MICHEL DE KLERK • BRUNO TAUT • HANS POELZIG • HERMANN FINSTERLIN • FARIBORZ SAHBA

Lotustempel, Fariborz Sahba, 1986, Neu-Delhi, Indien

Zwischen 1910 und 1924 entwickelte sich in Deutschland, Österreich, Dänemark und anderswo eine Architekturbewegung, die die menschliche Gefühlswelt auslotete und bald als Expressionismus bekannt wurde.

Viele expressionistische Architekten hatten im Ersten Weltkrieg gekämpft, und ihre zermürbenden Erfahrungen hatten maßgeblichen Einfluss auf ihr Werk. Die subjektive, individuelle, exzentrische Architektur des Expressionismus mied konventionelle Gebäudeformen und historische Baustile. Stattdessen setzte sie häufig innovative Techniken und Materialien ein. In den Bauten sollten sich die Gefühle der Architekten ausdrücken; zudem strebten sie danach, eher emotionale als intellektuelle Reaktionen hervorzurufen.

Viele expressionistische Gebäude waren so einzigartig angelegt, dass sie nie gebaut wurden, sondern nur als Zeichnung existierten oder temporär bestanden. Eines der frühesten und bekanntesten Werke war der geschwungene Einstein-Turm (1919–1921) in Potsdam, der auf einen Entwurf von Erich Mendelsohn (1887–1953) zurückgeht. In ihm sollte sich Albert Einsteins Relativitätstheorie widerspiegeln.

Indem sich der Expressionismus von traditionellen Gestaltungsstandards entfernte, veränderte er auch die Wahrnehmung von Architektur. Viele Architekten ließen sich von Malerei und Bildhauerei inspirieren und betrachteten ihre Entwürfe als Kunstwerke. In den 1950er und 1960 Jahren entstand eine neue Variante der Bewegung, der Neoexpressionismus, der ähnliche emotionale und subjektive Ideale verfolgte.

WICHTIGE ENTWICKLUNGEN

Der Lotustempel ist ein Schlüsselwerk der neoexpressionistischen Architektur. `Abdu'l-Bahá (1844–1921), Sohn des Begründers der Bahá'í-Religion, legte fest, dass ein Gebetshaus ein rundes Gebäude mit neun Seiten sein müsse. Inspiriert von der Lotusblüte entwarf der Architekt Fariborz Sahba (geb. 1948) 27 freistehende, mit Marmor verkleidete „Blütenblätter", die in Dreiergruppen angeordnet sind und neun Seiten bilden.

OPERNHAUS VON SYDNEY **S. 142** KUPPEL **S. 172** SÄULE **S. 177** BACKSTEIN **S. 195**
MARMOR **S. 200** BETON **S. 201** PUTZ **S. 203** GLAS **S. 206** STAHL **S. 209**

De Stijl

1917 – 1931

KEY ARTISTS: GERRIT RIETVELD • ROBERT VAN 'T HOFF • J. J. S. OUD • CORNELIS VAN EESTEREN • JAN WILS • THEO VAN DOESBURG

Rietveld-Schröder-Haus, Gerrit Rietveld, 1924–1925, Utrecht, Niederlande

De Stijl begann als universelle, dem modernen Zeitalter gemäße Ausdrucksform, geprägt von Einfachheit, Harmonie und Ordnung.

Der Maler und Architekt Theo van Doesburg (1883–1931) und der Maler Piet Mondrian (1872–1944) gründeten die Kunst- und Designbewegung De Stijl sowie eine Zeitschrift gleichen Namens im Jahr 1917. Weitere Mitglieder waren die Maler Vilmos Huszár (1884–1960) und Bart van der Leck (1876–1958) sowie die Architekten Robert van 't Hoff (1887–1979) und J. J. S. Oud (1890–1963). 1918 schloss sich ihnen noch der Schreiner und Architekt Gerrit Rietveld an.

Ziel der Bewegung war die ideale Verschmelzung von Form und Funktion durch die Reduktion von Elementen auf ihre Grundformen und -farben. Zulässig waren nur vertikale und horizontale Linien sowie die Farben Schwarz, Weiß, Grau und die Primärfarben. Die aus dem Kubismus entstandene Bewegung konzentrierte sich auf geometrische Formen und betonte Ausgewogenheit und Harmonie. Beeinflusst wurden die architektonischen Ideen des Stils von dem niederländischen Architekten Hendrik Berlage (1856–1934) und ganz besonders von Frank Lloyd Wright.

Zu den architektonischen Besonderheiten von De Stijl gehören flache Dächer, schlichte Fenster, scharf umrissene vertikale und horizontale Flächen sowie weiß oder grau gestrichene Oberflächen mit blauen, gelben und roten Hervorhebungen. Die Bewegung gewann schnell weitere Mitglieder, die alle nach harmonischen Formen strebten. Die De Stijl-Architektur übte wie die Bauhaus-Architektur Einfluss auf den Internationalen Stil aus.

WICHTIGE ENTWICKLUNGEN

Das Rietveld-Schröder-Haus geht auf einen Entwurf von Gerrit Rietveld zurück, der den Idealen von De Stijl anhing, zu denen auch der vollständige Bruch mit allen vorausgegangenen Architekturstilen gehörte. Die Auftraggeberin Truus Schröder-Schräder hatte sich ein „großes und offenes" Haus gewünscht, und so entstand ein asymmetrisches Gebäude mit vertikalen und horizontalen Flächen. Zum Öffnen des Raums können fast alle Innenwände verschoben werden.

RIETVELD-SCHRÖDER-HAUS **S. 128** FENSTER **S. 167** TERRASSE **S. 187** BACKSTEIN **S. 195** BETON **S. 201** PUTZ **S. 203** GLAS **S. 206** STAHL **S. 209**

Internationaler Stil

HAUPTVERTRETER: LE CORBUSIER • RICHARD NEUTRA • PHILIP JOHNSON • CHARLOTTE PERRIAND • EILEEN GRAY • RUDOLPH SCHINDLER

1918 – 1939

Villa E-1027, Eileen Gray, 1926–1929, Roquebrune-Cap-Martin, Frankreich

Der Internationale Stil entstand nach dem Ersten Weltkrieg in Europa. Er nahm Einflüsse neuerer Bewegungen auf, etwa von De Stijl und der Stromlinien-Moderne, und war dem Bauhaus eng verbunden.

Als Antithese zu fast allen vorausgegangenen Architekturbewegungen verzichtete der Internationale Stil auf jedwedes Ornament und verwendete moderne Industriematerialien wie Stahl, Glas, Stahlbeton und Chrom. Die asymmetrischen weißen Gebäude mit den geraden Linien und flachen Dächern wurden weltweit zu einem Symbol der Moderne. Nach den Grauen des Krieges schien diese Architektur eine frische, saubere, rationale Zukunft zu versprechen.

Seinen Namen erhielt der Stil 1932 von dem Architekten Philip Johnson und dem Historiker Henry-Russell Hitchcock (1903–1987). Verkörpert wurde er durch Charles-Edouard Jeanneret alias Le Corbusier, der Sinn und Zweck dieser Bauweise in einer knappen Erklärung auf den Punkt brachte: „Ein Haus ist eine Wohnmaschine." 1914 ließ er sich einige Gebäudeprototypen aus Stahlbeton patentieren, die sogenannten Dom-Ino Houses, offene Geschossebenen, die von Pilotis (Stützpfeilern) getragen wurden. 1923 veröffentlichte er seine Abhandlung *Vers une Architecture (Ausblick auf eine Architektur)*, in der er seine „Fünf Punkte zu einer neuen Architektur" darlegte: Seiner Überzeugung nach sollte es Fensterbänder oder zumindest eine Betonung der Horizontalen geben, frei angeordnete Innenwände, Pilotis sowie ein Flachdach oder einen Dachgarten. In den 1920er Jahren entwarf er mehrere Villen außerhalb von Paris, darunter die Villa Savoye, an denen er diese Theorien veranschaulichte.

WICHTIGE ENTWICKLUNGEN

Die weiße, L-förmige Villa E-1027 ist von breiten schmucklosen Fenstern, minimaler Dekoration und einem durchgehenden Innenraum gekennzeichnet. Entworfen wurde sie von der Architektin und Möbeldesignerin Eileen Gray (1878–1976) zu einer Zeit, als es für Frauen schwierig war, in die von Männern dominierte Welt der Architektur vorzudringen. Gray entwarf auch die Möbel für das Haus.

VILLA SAVOYE **S. 134** PORTIKUS/PORTAL **S. 186** PILOTIS **S. 188** AUSKRAGUNG **S. 189**
BACKSTEIN **S. 195** BETON **S. 201** STUCK **S. 205** GLAS **S. 206** STAHL **S. 209**

Bauhaus

HAUPTVERTRETER: WALTER GROPIUS • HANNES MEYER • HANS WITTWER • LUDWIG MIES VAN DER ROHE • MART STAM • MARCEL BREUER

1919 – 1933

Das 1919 von Walter Gropius gegründete Bauhaus war eine höchst einflussreiche deutsche Kunstschule, in der eine große Bandbreite an künstlerischen und kunsthandwerklichen Fähigkeiten sowie Methoden der industriellen Produktion gelehrt wurden.

Bauhaus-Studenten lernten eine breitgefächerte Herangehensweise an das Design kennen, die Architektur und Malerei, Keramik und Möbeldesign, Typografie, Textildesign und einiges mehr umfasste. Die Schule bestand in drei deutschen Städten unter drei verschiedenen Architekten-Direktoren: von 1919 bis 1925 in Weimar unter Walter Gropius; von 1925 bis 1932 in Dessau, wo Hannes Meyer (1889–1954) 1928 die Leitung übernahm; er wurde 1930 von Ludwig Mies van der Rohe abgelöst, der 1932 den Umzug nach Berlin überwachte.

Obwohl Architektur bis 1927 am Bauhaus nicht unterrichtet und die Schule 1933 von den Nazis geschlosssen wurde, folgten Dozenten und Studenten später weiter den idealistischen Grundsätzen des Bauhauses und trugen weltweit zur Architektur der Moderne bei. Durch ihr Studium von Formen und Materialien wurden sie zu Understatement-Experten und schufen eine Architektur, die Funktion, Nutzwert, klare Linien und das Fehlen überflüssiger Dekoration betont. Die meisten Bauhaus-Gebäude sind geometrische Betonbauten mit einem Flachdach, breiten Metallrahmenfenstern und reduzierten Farben.

WICHTIGE ENTWICKLUNGEN

Am Bauhaus in Dessau entwarf Gropius einen Gebäudekomplex mit drei Doppelhäusern für die Bauhaus-Meister. Die ineinander verschachtelten, unterschiedlich hohen Gebäude wurden zum Teil aus vorgefertigten Elementen errichtet. Sie haben schlichte breite Fenster und Balkone sowie farbige oder graue Akzente. Dieses Beispiel wurde für László Moholy-Nagy (1895–1946) gebaut.

Meisterhaus von László Moholy-Nagy, Walter Gropius, 1925–1926, Dessau, Deutschland

BAUHAUS-GEBÄUDE **S. 130** SEAGRAM BUILDING **S. 140** FENSTER **S. 167** TERRASSE **S. 187** AUSKRAGUNG **S. 189** BETON **S. 201** GLAS **S. 206** STAHL **S. 209**

Art Déco

1925 – 1940

HAUPTVERTRETER: WALTER DORWIN TEAGUE • HOWARD ROBERTSON • WILLIAM F. LAMB • YASUO MATSUI • WILLIAM VAN ALEN • THOMAS WALLIS

Empire State Building, Shreve, Lamb and Harmon, 1929–1931, New York City, USA

Der internationale Kunst-, Design- und Architekturstil Art Déco wurde auf Möbel, Textilien, Keramik, Ornamente, Malerei, Skulptur und Architektur angewandt. Sein Name leitet sich vom Titel einer Pariser Ausstellung im Jahr 1925 ab, etablierte sich aber erst einige Zeit später.

Wenngleich der Stil mit Beginn des Zweiten Weltkriegs ein Ende fand, hält sein Reiz doch an. Einige Elemente des Stils gehen auf ägyptische, griechische, römische, aztekische und japanische Einflüsse zurück, andere sind dem Futurismus, Kubismus und dem Bauhaus entlehnt. Im Art Déco drücken sich Glamour, Energie und Modernität aus. Zu seinen architektonischen Kennzeichen gehören Säulen, Giebeldreiecke, Bögen und Turmhelme sowie eine Betonung der Geometrie. Häufig wurden gewagte Farben verwendet, aber auch Zierwerk wie Flachreliefs oder eckige Muster und Formen, etwa Zickzack, Zikkurat und Sonnenstrahlen. Zu den häufig verwendeten Materialien zählen Chrom, Messing, polierter Stahl, poliertes Aluminium, Intarsienholz, Stein und Buntglas.

Zunächst wurden öffentliche und gewerbliche Gebäude im Art-Déco-Stil erbaut, später auch Wohnhäuser. Diese Gebäude sind häufig durch gekrümmte Wände, Bögen, leuchtendes Buntglas, Strukturfliesen und breite Fenster gekennzeichnet. Eine Weiterentwicklung des Art Déco war die Stromlinien-Moderne, die sich durch eine zurückgenommenere Ästhetik, geschwungene Formen, lange, gerade Linien und minimale Dekoration auszeichnete. Sie war inspiriert vom Glamour und dem stromlinienförmigen Design von Straßenkreuzern und der hochglanzpolierten Effizienz moderner Maschinen.

WICHTIGE ENTWICKLUNGEN

Das Empire State Building in New York City, das von dem Architekturbüro Shreve, Lamb and Harmon entworfen wurde, ist ein 103-stöckiger, mit Kalkstein verkleideter Art-Déco-Wolkenkratzer. Das 1931 fertiggestellte, 443 Meter hohe, geometrische Gebäude ist am oberen Ende gestuft und ähnelt dort einer antiken Zikkurat. Mehr als 40 Jahre lang war es das höchste Bauwerk der Welt.

CHRYSLER BUILDING **S. 132** BOGEN **S. 173** TURM **S. 174** SÄULE **S. 177** ATRIUM **S. 180** TURMHELM **S. 184**
MARMOR **S. 200** BETON **S. 201** GLAS **S. 206** EISEN **S. 208** STAHL **S. 209** ALUMINIUM **S. 210**

Geodätische Architektur

HAUPTVERTRETER: RICHARD BUCKMINSTER FULLER • WALTHER BAUERSFELD • THOMAS C. HOWARD

1926 –

Geodätische Kuppeln sind dünne, halbkugelförmige Strukturen, die einer Hülle gleichen und aus einem Netz gerader Linien bestehen, die ein Gitter aus starren Dreiecken bilden.

Dank dieses festen, leichten Rahmenwerks können die Kuppeln auch schwere Lasten tragen. Der amerikanische Ingenieur und Architekt Richard Buckminster Fuller pries die Möglichkeiten der geodätischen Architektur ab den 1940er Jahren – erfunden wurde das Prinzip schon früher. Die erste geodätische Kuppel entwarf der deutsche Ingenieur Walther Bauersfeld (1879–1959), der 1912 an der Gestaltung eines Planetariums zu arbeiten begann, während er für das Unternehmen Carl Zeiss tätig war. Mit dem Ersten Weltkrieg geriet das Projekt ins Stocken, wurde aber kurz danach wiederaufgenommen und 1923 im Firmenhauptsitz in Jena angesiedelt.

In der Zwischenkriegszeit entwickelte Bauersfeld weitere Beispiele in Deutschland und Amerika, doch erst in den 1940er Jahren prägte Buckminster Fuller die Bezeichnung „geodätische Kuppeln". Im Juni 1954 erhielt er das US-Patent, und die US-Marine begann mit geodätischen Kuppeln zu experimentieren, die mit dem Hubschrauber angeliefert werden konnten.

Wegen des geringen Gewichts und der Möglichkeit, die Kuppeln äußerst schnell aufzubauen, wurde diese Architektur für allerlei besondere Zwecke genutzt, etwa für Hörsäle, Wetterwarten und Lagerstätten. Für die New Yorker Weltausstellung im Jahr 1964 entwarf Thomas C. Howard (geb. 1931) von Synergetics, Inc. einen Pavillon als geodätische Kuppel. Im Oktober 1982 wurde eine der berühmtesten geodätischen Kuppeln von Buckminster Fuller fertiggestellt, das Spaceship Earth im EPCOT Center in der Walt Disney World, Florida.

Biosphère Montreal,
Richard Buckminster Fuller und Shoji Sadao, 1967, Montreal, Kanada

WICHTIGE ENTWICKLUNGEN

Den ehemaligen amerikanischen Pavillon der Weltausstellung im kanadischen Montreal 1967 haben Buckminster Fuller und Shoji Sadao (geb. 1927) als geodätische Kuppel entworfen. Das Gebäude, das heute ein Umweltmuseum namens Biosphère Montreal beherbergt, besteht aus einem dreidimensionalen Stabwerk aus Stahl, das dreieckige und sechseckige Strukturen ausbildet, die mit Acrylglas verkleidet wurden.

→ MONTREAL BIOSPHÈRE **S. 148** KUPPEL **S. 172** ATRIUM **S. 180** BETON **S. 201** STAHL **S. 209** ALUMINIUM **S. 210** KUNSTSTOFF **S. 211**

Brutalismus

HAUPTVERTRETER: PAUL RUDOLPH • ERNO GOLDFINGER • ALISON SMITHSON • PETER SMITHSON • RODNEY GORDON • CLORINDO TESTA • HANS ASPLUND

1952 – 1975

Museu de Arte de São Paulo Museum, Lina Bo Bardi, 1956–1968, São Paulo, Brasilien

Der Brutalismus, der vom Grundsatz der sozialen Gleichheit ausgeht, wurde von Le Corbusiers Unité d'Habitation in Marseille (1947–1952) inspiriert.

Ursprünglich wurde die Bezeichnung wahrscheinlich von dem schwedischen Architekten Hans Asplund (1921–1994) geprägt. Großen Einfluss übte dann aber vor allem Le Corbusiers Ausdruck *béton brut* aus, mit dem er den rohen, sichtbaren Beton beschrieb, den er als Material für seine Unité d'Habitation gewählt hatte. Bald darauf übernahmen die Architekten Alison Smithson (1928–1993) und Peter Smithson (1923–2003) diesen Namen, und als der Architekturkritiker Reyner Banham (1922–1988) 1966 das Buch *The New Brutalism* veröffentlichte, galt er weithin als gesetzt.

Seine Blüte erlebte der Stil von den 1950ern bis Mitte der 1970er Jahre. Charakteristisch für den Brutalismus war die Verwendung von Beton, der nicht verkleidet wurde. Derartige Sichtbetonfassaden waren unkonventionell, da der Beton bislang meistens hinter anderen Materialien versteckt worden war. Seine Zurschaustellung, gepaart mit einer völligen Schmucklosigkeit, suggerierte Ehrlichkeit: Nichts wurde versteckt oder verkleidet.

Die meisten brutalistischen Gebäude – klotzige, massiv wirkende, ziemlich eindrucksvolle Bauten, häufig gekennzeichnet durch sich wiederholende Module – waren Regierungs- oder Verwaltungsgebäude, Wohnsilos, Universitätsgebäude und Einkaufscenter. Die Smithsons und Ernö Goldfinger (1902–1987) zählten zu den frühesten Vertretern des Stils, der in der ein oder anderen Form in vielen Ländern weltweit auftauchte.

WICHTIGE ENTWICKLUNGEN

Das Museu de Arte de São Paulo Museum (MASP), ein Meilenstein der modernen Architektur in Brasilien, wurde von Lina Bo Bardi (1914–1992) entworfen. Die Anforderung war, dass das Gebäude den Blick auf die Umgebung nicht verstellen sollte. Bo Bardi fand eine so einfache wie wirkungsvolle Lösung, indem sie die große Beton- und Glasstruktur aufhängte und die Fläche darunter frei ließ.

PORTLAND BUILDING **S. 152** FENSTER **S. 167** SCHORNSTEIN **S. 169** BOGEN **S. 173** TURM **S. 174** SÄULE **S. 177** STREBEBOGEN **S. 178** GIEBEL **S. 179** BACKSTEIN **S. 195** BETON **S. 201** GLAS **S. 206** STAHL **S. 209**

Postmoderne

HAUPTVERTRETER: ROBERT VENTURI • DENISE SCOTT BROWN • MICHAEL GRAVES • PHILIP JOHNSON • HANS HOLLEIN • ALDO ROSSI • CHARLES MOORE

1964 – 1999

Piazza d'Italia, Charles Moore, 1978, New Orleans, USA

WICHTIGE ENTWICKLUNGEN

Der amerikanische Architekt Charles Moore (1925–1993) setzte sich für eine „inklusive" Architektur ein, an der jeder Spaß haben kann. In New Orleans entwarf er zu Ehren der italienischen Einwohner der Stadt die Piazza d'Italia. Der Platz besteht aus Kolonnaden in leuchtenden Farben, Bögen und einem Glockenturm, die sich im Halbkreis um eine exotische Brunnenanlage gruppieren. Hier und da finden sich neonfarbene und metallic-glänzende Zierelemente.

Die Postmoderne ist ein eklektischer Stilmix, der im späten 20. Jahrhundert als Reaktion auf die Moderne entstand, die zunehmend als monoton und konservativ wahrgenommen wurde.

Wie bei vielen Bewegungen entwickelte sich auch zur Moderne eine Anthithese. 1966 hatte der Architekt Robert Venturi (1925–2018) sein Buch *Complexity and Contradiction in architecture (Komplexität und Widerspruch in der Architektur)* herausgebracht, in dem er die Originalität und Kreativität der manieristischen und barocken Architektur in Rom pries und zu mehr Ambiguität und Komplexität im zeitgenössischen Design ermutigte. Er beklagte die langweilige Strenge vieler glatter Stahl- und Glasbauten der Moderne. Als Entgegnung auf den berühmten Leitsatz der Moderne „Less is more" (dt. weniger ist mehr) prägte Venturi die Devise „Less is a bore" (dt. weniger ist langweilig). Seine Theorien übten großen Einfluss auf die Postmoderne aus. Etwa zur gleichen Zeit schufen postmoderne Architekten an verschiedenen Orten weltweit freche, respektlose, witzige Designs, die sie nach so vielen Jahren der sachlichen, gradlinigen Moderne als befreiend empfanden.

Für ihre individuellen, überraschenden Gebäude verwendeten sie auch moderne Materialien und unerwartete Techniken. Das 1964 fertiggestellte Vanna Venturi House von Robert Venturi und Denise Scott Brown (geb. 1931) ist vielleicht das erste postmoderne Bauwerk. Das wichtigste postmoderne Gebäude in London ist das von James Stirling (1926–1992) entworfene No. 1 Poultry, das 1997, nach seinem Tod, vollendet wurde.

HABITAT **67 S. 146** SÄULE **S. 177** TERRASSE **S. 187** BACKSTEIN **S. 195** BETON **S. 201** GLAS **S. 206** STAHL **S. 209**

Minimalismus

1960 –

HAUPTVERTRETER: TADAO ANDO • LUIS BARRAGÁN • JOHN PAWSON • RYUE NISHIZAWA • KAZUYO SEJIMA • ALBERTO CAMPO BAEZA • CLAUDIO SILVESTRIN

WICHTIGE ENTWICKLUNGEN

Die School of Management and Design auf dem Gelände der Zeche Zollverein, einem ehemaligen Steinkohlebergwerk in Essen, wurde nach einem Entwurf des von Kazuyo Sejima und Ryue Nishizawa gegründeten Architekturbüros SANAA erbaut. Nach außen wirkt der Bau wie ein einfacher, massiver Betonkubus. Doch anders als seine schlichte Außengestalt sind die Innenräume äußerst variantenreich und verfügen über unterschiedliche Deckenhöhen.

Zollverein School of Management und Design, SANAA, 2005–2006, Essen, Deutschland

Die minimalistische Architektur, die sich aus der De Stijl-Bewegung, dem Bauhaus und dem Internationalen Stil entwickelte, strebt nach Funktionalität und Klarheit.

Während seiner Blütezeit in den späten 1960ern und 1970er Jahren bemühte sich der Minimalismus um eine Reduktion nicht nur der Form, sondern sämtlicher Elemente. Die Bewegung war stark beeinflusst von der traditionellen japanischen Architektur, die Gestaltungselemente sehr zurückhaltend einsetzt und alles Überflüssige meidet. In ihrem Bemühen um vereinfachte Form, Raum und Materialien verzichtet die minimalistische Architektur auf Designelemente, meidet Ornamentik und Dekoration. Nachdem also alle Elemente auf diese Weise reduziert wurden, bleibt von jedem minimalistischen Bauwerk nur noch die „Essenz".

Zwar wollen die meisten Architekten ihre Bauten harmonisch in die Umgebung einfügen. Für die Minimalisten jedoch hat dies oberste Priorität. Anschaulich wird das im Werk von Tadao Ando (geb. 1941), der traditionelle japanische Konzepte mit eigenen Ausdrucksformen verbindet und dabei Geometrie und Natur kombiniert. Üblicherweise arbeitet er mit Beton und Holz. Seine Gebäude sind bewusst streng und geometrisch gestaltet, um ein Maximum an Raum und Licht zu erreichen. Kazuyo Sejima, eine weitere japanische Architektin, arbeitet sowohl eigenständig als auch zusammen mit Ryue Nishizawa unter dem Namen SANAA. Ihre Entwürfe enthalten häufig dünne Segmente und transparente Elemente.

MORIYAMA HOUSE **S. 156** ATRIUM **S. 180** AUSKRAGUNG **S. 189** STEIN **S. 192**
GLAS **S. 206** STAHL **S. 209** ALUMINIUM **S. 210** TITAN **S. 215**

Hightech-Architektur

HAUPTVERTRETER: NORMAN FOSTER • RICHARD ROGERS • RENZO PIANO • MICHAEL HOPKINS • JEAN NOUVEL • SANTIAGO CALATRAVA

1970 –

Die von der Ingenieurskunst, neuen Technologien und Maschinen beeinflusste Hightech-Architektur betont die Struktur von Gebäuden, indem sie sie ganz bewusst zur Schau stellt.

Die Bewegung – auch als Bowellismus oder struktureller Expressionismus bekannt – begann in den frühen 1970er Jahren, als einige Architekten die neuesten industriellen und technologischen Komponenten in die Außenstruktur ihrer Bauten integrierten und sie mit leichten, glatten Materialien, insbesondere Stahl, Aluminium und Glas, kombinierten.

In mancher Hinsicht hat sich die Hightech-Architektur aus der Moderne entwickelt; in anderer Hinsicht war sie eine Reaktion auf die Moderne, da sie die dekorativen Möglichkeiten von Rohren, Luftschächten, Rolltreppen, Aufzügen und anderen Versorgungsanlagen und Elementen nutzte, die normalerweise in der Innenstruktur verborgen werden. Das vielleicht berühmteste Beispiel für diese Herangehensweise ist das Centre Pompidou in Paris (1971–1977). Entworfen wurde es von Renzo Piano und Richard Rogers, die zusammen mit Norman Foster zu den frühesten Vertretern des Stils gehören.

Neben der ausdrucksstarken, industriell wirkenden Außengestaltung ist die Hightech-Architektur in der Regel von flexiblen Innenräumen und einem häufig überraschenden Farbgebrauch gekennzeichnet. Ganz allgemein wollten die Vertreter dieses Stils zeigen, wie Technologie die Welt verbessern kann. Dazu lenkten sie die Aufmerksamkeit auf die technischen Merkmale und setzten diese dramatisch in Szene. Außerdem nutzten sie Konstruktionselemente wie Auskragungen, Fensterbänder, Betontürme, gekrümmte Wände, freiliegende Stahlstrukturen, sichtbare Luftschächte, Versorgungsmodule, bewegliche Zwischenwände und austauschbare Plug-In-Elemente.

WICHTIGE ENTWICKLUNGEN

Norman Fosters HSBC Building in Hong Kong war bei seiner Fertigstellung das teuerste Gebäude der Welt. Der extrem innovative Bau besitzt kein inneres Tragwerk. Sein großes, zehngeschossiges Atrium wird nicht nur durch die verglaste Stirnwand beleuchtet, sondern auch über Sonnenkollektoren, deren Licht von Spiegelreflektoren ins Gebäudeinnere gelenkt wird. Das Tageslicht ist also eine Hauptbeleuchtungsquelle. Dadurch, wie auch durch einen außen angebrachten Sonnenschutz, wird Energie gespart.

HSBC Building, Foster und Partners, 1983–1986, Hong Kong

→ CENTRE POMPIDOU **S. 150** FENSTER **S. 167** TURM **S. 174** ATRIUM **S. 180** PORTIKUS/PORTAL **S. 186** TERRASSE **S. 187** AUSKRAGUNG **S. 189** GLAS **S. 206** STAHL **S. 209** ALUMINIUM **S. 210**

Nachhaltige Architektur

1970 –

HAUPTVERTRETER: KEN YEANG • ERIC COREY FREED • WILLIAM MCDONOUGH • ROLF DISCH • EUGENE PANDALA • GLENN MURCUTT • STEFANO BOERI

Fujisawa Sustainable Smart Town, verschiedene Architekten, 2010–2014, Präfektur Kanagawa, Fujisawa, Japan

Die auch als „grüne Architektur" bekannte Bewegung tauchte erstmals in den späten 1960er Jahren auf, als sich das Bewusstsein für die Schädigung der Umwelt durch den Menschen zu entwickeln begann. Einige Architekten griffen diese Sorge auf und loteten verschiedene Herangehensweisen aus. Nachhaltige Architektur, die nur mit umweltfreundlichen Techniken und Materialien arbeitet, strebt danach, die negativen Auswirkungen von Gebäuden auf die Umwelt zu minimieren, vor allem durch Effizienz und Maßhalten bei der Verwendung von Materialien und beim Energieverbrauch. Wichtigstes Ziel ist die Energieeffizienz eines Gebäudes über seine gesamte Lebensdauer. Erreicht wird dies durch den Gebrauch natürlicher, recycelbarer Materialien mit ethisch einwandfreier Herkunft; durch effiziente Isolierung, mit der Wärme gespeichert wird; durch die Nutzung alternativer oder erneuerbarer Energiequellen; und durch eine passive Solarheizung und Belüftung, um die Abhängigkeit von fossilen Brennstoffen und Klimaanlagen zu reduzieren.

Wenngleich es bei der nachhaltigen Architektur mehr um Inhalt und Funktion als um Form geht, sind die verwendeten Materialien (etwa Bambus, Holz, Stein und Kohlefaser) und die angewandten Verfahren oft unkonventionell. Folglich sind viele nachhaltige Gebäude äußerst innovativ und von ungewöhnlichem Erscheinungsbild, wie zum Beispiel der aus übereinandergestapelten Ebenen ohne Außenmauern konzipierte niederländische Pavillon von MVRDV auf der Expo 2000 in Hannover.

WICHTIGE ENTWICKLUNGEN

Ziel der bahnbrechenden Fujisawa Sustainable Smart Town nahe Tokio ist es, einen komplett nachhaltigen Ort in einem Erdbebengebiet zu erschaffen. Jedes Haus verfügt über nachhaltige Technologie, etwa Sonnenkollektoren und einen Brennstoffprozessor, verbunden über ein kleines Versorgungsnetz. Dank der von der Struktur eines Blattes inspirierten Straßengestaltung wird Luft durch alle Straßen geleitet und so die Notwendigkeit von Klimaanlagen reduziert.

BOSCO VERTICALE **S. 158** FENSTER **S. 167** DACH **S. 168** INNENHOF **S. 175** PORTIKUS/PORTAL **S. 186**
HOLZ **S. 196** BAMBUS **S. 199** GLAS **S. 206** KOHLENSTOFFFASER **S. 212** RECYCLINGMATERIALIEN **S. 213**

Dekonstruktivismus

1980 – 2005

HAUPTVERTRETER: FRANK GEHRY • DANIEL LIBESKIND • REM KOOLHAAS • PETER EISENMAN • ZAHA HADID • BERNARD TSCHUMI • WOLF D. PRIX

Der Dekonstruktivismus, der von manipulierten Strukturen, Oberflächen und Formen gekennzeichnet ist, richtete sein Augenmerk mehr auf die Freiheit der Form als auf funktionale Zwänge.

Von den späten 1970er Jahren bis ins frühe 21. Jahrhundert wurden in verschiedenen Teilen der Welt dekonstruktivistische Gebäude errichtet, die die Erwartungen an die Architektur sowie deren Wahrnehmung infrage stellten. Viele von ihnen wirken wie aufgebrochen, wurden aber genau geplant und ausgeführt. Manche dekonstruktivistischen Gebäude wirken unlogisch und inkohärent, während andere einen harmonischen, fließenden Eindruck erwecken. Die meisten vermitteln ein Gefühl von Fragmentierung und Unvorhersehbarkeit, was durch das Fehlen von Symmetrie hervorgerufen wird. Die teilweise von der Postmoderne beeinflusste Bewegung fand auch im Konstruktivismus und Futurismus sowie in den Theorien des französischen Philosophen Jacques Derrida (1930–2004) Inspiration. Derrida war der Ansicht, dass Bedeutung durch Beziehungen entstehe, etwa das Harte nur existiert, weil es auch das Weiche gibt: Wir wissen, was Dinge sind, weil wir wissen, was sie nicht sind, und die Bedeutung der Dinge verändert sich im Laufe der Zeit.

Demzufolge widerspricht die dekonstruktivistische Architektur häufig den Erwartungen, etwa indem sie Diagonalen und unerwartete Formen verwendet. Ein beispielhaftes Werk des Dekonstruktivismus ist das Guggenheim Museum (1992–1997) von Frank Gehry (geb. 1929) in Bilbao (siehe Seite 215) mit seinen fließenden, glänzenden Linien. Ein weiteres ist das Tanzende Haus (1992–96) in Prag, ebenfalls nach einem Entwurf von Gehry in Zusammenarbeit mit Vlado Milunić (geb. 1941), das einen dramatischen Kontrast zur historischen Altstadt von Prag bildet.

WICHTIGE ENTWICKLUNGEN

1988 wurde Daniel Libeskind (geb. 1946) beauftragt, einen großen Anbau für das Jüdische Museum in Berlin zu entwerfen. Seine radikalen Ideen lassen ein Gefühl von Abwesenheit, Leere und Unsichtbarkeit entstehen und spiegeln so die Auswirkungen des Holocaust auf die jüdischen Einwohner Berlins wider. Das zickzack-förmige Gebäude hat keine Außentür, es ist nur über einen unterirdischen Gang erreichbar.

Jüdisches Museum, Daniel Libeskind, 1992–1999, Berlin, Deutschland

VITRA FEUERWEHRHAUS **S. 154** ATRIUM **S. 180** AUSKRAGUNG **S. 189** STEIN **S. 192** GLAS **S. 206** STAHL **S. 209** ALUMINIUM **S. 210** TITAN **S. 215**

BAUWERKE

Cheops-Pyramide

GIZEH, ÄGYPTEN

CA. 2589 – 2566 V. CHR.

ÄGYPTISCHE ARCHITEKTUR S. 12

Weitere wichtige Bauwerke

Djoser-Pyramide, unbekannter Architekt, ca. 2650 v. Chr., Sakkara, Ägypten
Rote Pyramide, unbekannter Architekt, ca. 2600 v. Chr., Kairo, Ägypten
Chephren-Pyramide, unbekannter Architekt, ca. 2570 v. Chr., Gizeh, Ägypten

Von den drei gradwandigen Pyramiden in Gizeh, die als Gräber für die Könige des Alten und Mittleren Reiches erbaut wurden, ist die Cheops-Pyramide die älteste und größte.

Sie wurde als Grabmal für den Pharao Cheops errichtet, der von 2589 bis 2566 v. Chr. herrschte. Ihre Architektur orientierte sich an zeitgenössischen Konventionen. Das sehr hohe Bauwerk wies hinauf zu den Göttern und bot ein von weit her sichtbares, eindrucksvolles Erscheinungsbild. Der ursprünglich mit glattem weißen Kalkstein verkleidete Bau war mehr als 3.800 Jahre lang das höchste, von Menschenhand geschaffene Gebäude weltweit. Die massiv, aber präzise gebaute Pyramide maß 146,5 Meter in der Höhe (heute 138,75 Meter) und ist u.a. aus geschätzten 2,3 Millionen Kalksteinblöcken errichtet. Die weißen Verkleidungssteine stammten aus nahegelegenen Steinbrüchen auf der anderen Seite des Nils, einige große Granitsteine jedoch kamen aus dem mehr als 804 Kilometer entfernten Assuan. Die Blöcke wurden mit Gipsmörtel zusammengehalten; die Spitze der Pyramiden war vermutlich vergoldet. Für den Bau, der sich über 10 bis 20 Jahre hinzog, wurden schätzungsweise 5,5 Millionen Tonnen Kalkstein, 8000 Tonnen Granit und 500.000 Tonnen Mörtel verwendet. Im Innern der Pyramide gibt es drei Grabkammern, die über enge Gänge erreichbar sind. Die unterste, unvollendete Kammer ist in den Felsboden geschlagen, auf dem die Pyramide errichtet wurde. Die Königinnenkammer und die Königskammer hingegen liegen weiter oben.

PYRAMIDENARCHITEKTUR

Ab etwa 2650 v. Chr. wurden Pyramiden als Gräber für ägyptische Herrscher erbaut. Die ersten waren stufenförmig angelegt. In Übereinstimmung mit den Glaubensvorstellungen wurden sie alle am westlichen Nilufer errichtet, also dort, wo die Sonne untergeht. Zehntausende Arbeiter wurden für den Pyramidenbau angeheuert und während der Bauzeit in riesigen nahegelegenen Lagern untergebracht.

STEIN **S. 192** PUTZ **S. 203**

Parthenon

IKTINOS • KALLIKRATES • PHIDIAS: ATHEN, GRIECHENLAND

447 – 432 v. Chr.

Der Parthenon wurde errichtet, um eine Statue der Göttin Athene zu beherbergen und den Sieg der Stadt über die feindlichen Perser zum Ausdruck zu bringen. Er steht hoch oben auf der Akropolis über der Stadt Athen.

Der Entwurf stammt von den Architekten Iktinos und Kallikrates (beide wirkten Mitte des 5. Jahrhunderts v. Chr.). Überwacht wurde der Bau von dem Architekten und Bildhauer Phidias (ca. 480–430 v. Chr.), der auch die riesige Statue für die zentrale Cella (Heiligtum) entwarf: die Athena Parthenos. Kein früherer griechischer Tempel war so reich dekoriert wie dieser mit seinen vielzähligen Skulpturen und den beispiellosen 22.000 Tonnen weißen Marmors aus den Steinbrüchen des nahegelegenen Bergs Pendeli.

Im Parthenon mischen sich zwei Architekturstile: der dorische und der ionische. Außerdem fand hier das Proportionssystem 4:9 ausgiebig Anwendung. Das wird im Verhältnis der Säulendurchmesser zu den Säulenzwischenräumen deutlich; in dem der Höhe des Gebäudes zu seiner Breite; und in dem der Breite der innenliegenden Cella zu ihrer Länge. Durch den Einsatz weiterer Techniken macht das Gebäude einen perfekt proportionierten Eindruck und vermittelt aus der Ferne die Illusion gerader Linien. Diese Wirkung wird unter anderem durch eine Entasis erzielt, eine leichte Schwellung des Säulenschaftes. Die Anordnung der Säulen ist ungewöhnlich: acht an den Stirnseiten und 17 an den Längsseiten; zudem stehen sie enger beieinander als in anderen Tempeln jener Zeit. Rund um das Bauwerk zog sich ursprünglich ein Figurenfries; das Dach bestand aus Zedernbalken und Marmorplatten.

IKTINOS, KALLIKRATES UND PHIDIAS

Plutarch zufolge arbeiteten Iktinos, Kallikrates und Phidias gleichzeitig an mehreren, über ganz Griechenland verteilten Tempeln. Während des großangelegten Bauprogramms, das der Staatsmann und General Perikles (494–429 v. Chr.) angestoßen hatte, war Kallikrates vor allem in Athen tätig. Phidias wurde für seine Skulpturen gepriesen und überwachte die architektonischen und bildhauerischen Arbeiten auf der Akropolis.

GRIECHISCHE ARCHITEKTUR **S. 14**

Weitere wichtige Bauwerke

Aphaia-Tempel, unbekannter Architekt, ca. 490 v. Chr., Ägina, Griechenland
Hephaistos-Tempel, unbekannter Architekt, ca. 449 v. Chr., Athen, Griechenland
Erechtheion, unbekannter Architekt, ca. 406 v. Chr., Athen, Griechenland

SÄULE **S. 177** PORTIKUS/PORTAL **S. 186** HOLZ **S. 196** MARMOR **S. 200**

Großer Stupa von Sanchi

BUNDESSTAAT MADHYA PRADESH, INDIEN

CA. 300 – 100 N. CHR.

STUPA-ARCHITEKTUR

Zwar gibt es regionale Varianten, doch besitzen alle Stupas drei wesentliche Merkmale: Das erste ist die *anda*, eine halbkugelförmige Kuppel mit festem Kern; tief im Innern der *anda* befindet sich eine Reliquienkammer, die *tabena*. Das zweite ist die *harmika*, ein viereckiger Aufbau. Das dritte ist ein zentraler Pfeiler auf der Kuppelspitze, der eine Art Schirm trägt (*chatra*), der die Kuppel vor den Elementen schützt.

BUDDHISTISCHE ARCHITEKTUR **S. 15**

Der Große Stupa (siehe Abb. Seite 15, hier eines der kleineren Gebäude) im zentralindischen Sanchi diente als Prototyp für alle nachfolgenden Stupas.

Er gehört zu den größten und ältesten Steinbauten Indiens. König Ashoka (304–232 v. Chr.) aus der Maurya-Dynastie ließ den ursprünglichen Bau zusammen mit weiteren Stupas im 3. Jahrhundert v. Chr. errichten. Später wurde er auf die doppelte Größe erweitert. Der Zentralbau, von dem man traditionell annimmt, dass er über den Reliquien Buddhas errichtet wurde, ist eine massive Halbkugel aus Backstein (*anda*). Es steht auf einer steinernen Plattform und war ursprünglich mit glattem Putz verkleidet. In den kleinen Nischen konnten Lampen aufgestellt werden, die bei religiösen Festen entzündet wurden. Die Kuppel symbolisiert unter anderem den Himmel, der sich über die Erde wölbt. Um den gesamten Unterbau der Kuppel zieht sich eine erhöhte Terrasse mit Balustrade, auf der die Gläubigen die Kuppel im Uhrzeigersinn umschreiten.

Das Gebäude wird von einer niedrigen Mauer umschlossen (*vedika*), die sich in alle vier Himmelrichtungen mit einem Prunktor (*torana*) öffnet. Diese Tore wurden im 1. Jahrhundert n. Chr. ergänzt. Jedes von ihnen besteht aus zwei viereckigen Pfosten mit Kapitellen, die mit Tier- und Zwergenreliefs geschmückt sind und von drei Architraven überragt werden. Alle Bereiche des Gebäudes sind mit Reliefs verziert, die Ereignisse aus dem Leben Buddhas, Geschichten aus seinen vorherigen Leben sowie Szenen aus dem frühen Buddhismus und damit zusammenhängende Symbole darstellen. Das schirmartige Gebilde auf der Kuppelspitze (*chatra*), symbolisiert den hohen Stellenwert des Gebäudes.

Weitere wichtige Bauwerke

Borobudur, unbekannter Architekt,
9. Jahrhundert n. Chr.,
Borobudur, Java, Indonesien

Stupa von Amaravati, unbekannter Architekt,
3. Jahrhundert v. Chr.–ca. 250 n. Chr.,
Amaravathi, Andhra Pradesh, Indien

Ruwanwelisaya, unbekannter Architekt,
137 v. Chr., Anuradhapura, Sri Lanka

→ KUPPEL **S. 172** STEIN **S. 192** BACKSTEIN **S. 195** PUTZ **S. 203**

Pantheon

ROM, ITALIEN

CA. 114 – 124 N. CHR.

Das für seinen gewaltigen Eingangsportikus und die kolossale kreisrunde Kuppel berühmte Pantheon in Rom ist der besterhaltene römische Tempel.

Das Pantheon wurde auf einem Vorgängertempel aus dem Jahr 27 v. Chr. errichtet. Der Bau wurde vermutlich während der Herrschaft Kaiser Trajans (53–117 n. Chr.) begonnen und unter Kaiser Hadrian (76–138 n. Chr.) vollendet. Das Gebäude besitzt die bis heute größte unverstärkte Betonkuppel der Welt und beeindruckt durch einzigartige Proportionen und Ingenieurleistungen. Dem Eingang vorgelagert ist ein Portikus mit acht korinthischen Säulen aus Granit an der Querfront und drei ebensolchen an den Seiten. Durch ihn gelangt man in einen riesigen kreisrunden, reich dekorierten Raum, die Cella – in älteren Tempeln war die *Cella* normalerweise viereckig. Dieser offene, luftige Raum bildet ein einheitliches Ganzes und ist von Säulen umstanden.

Die Kuppel ist eine Halbkugel mit 44,3 Metern Durchmesser, was genau der Raumhöhe vom Boden bis zum Scheitelpunkt entspricht. Die Kassetten an der Innenseite der Kuppel verleihen ihr ein interessantes Aussehen und reduzieren außerdem ihr Gewicht, das auf die beite Backsteinmauer drückt. Wenn die Bronzetüren geschlossen sind, ist der Oculus im Scheitel der Kuppel die einzige Lichtquelle. Pantheon bedeutet „alle Götter", doch 609 n. Chr. wurde das Bauwerk als erster Tempel zu einer katholischen Kirche geweiht. Nachdem diese in Santa Maria ad Martyres umbenannt worden war, wurden die Überreste vieler christlicher Märtyrer aus den römischen Katakomben hierhergebracht und unter dem Fußboden beigesetzt.

Weitere wichtige Bauwerke

Maison Carrée, unbekannter Architekt, 2. Jahrhundert n. Chr., Nîmes, Frankreich

Bacchus-Tempel, unbekannter Architekt, 150–250 n. Chr., Baalbek, Libanon

Hadrian-Tempel, unbekannter Architekt, 145 n. Chr., Rom, Italien

RÖMISCHE ARCHITEKTUR **S. 16**

RÖMISCHE ARCHITEKTEN

Die hoch angesehenen römischen Architekten waren äußerst produktiv. Ihre Tätigkeit umfasste das Ingenieurwesen, die Bauaufsicht und die Architektur. Einer der berühmtesten war Marcus Vitruvius Pollio (ca. 75–ca. 15 v. Chr.), der für Julius Cäsar (100–44 v. Chr.) arbeitete. Er entwarf zahlreiche Gebäude und verfasste die Abhandlung *De Architectura*, in der er die Architektur als Vereinigung von Künsten und Wissenschaften beschrieb. Das Werk übte auf viele Architekten der nachfolgenden Jahrhunderte großen Einfluss aus.

KUPPEL S. 172 BOGEN S. 173 INNENHOF S. 175 SÄULE S. 177 GEWÖLBE S. 183
PORTIKUS/PORTAL S. 186 STEIN S. 192 BACKSTEIN S. 195 MARMOR S. 200 BETON S. 201

Hagia Sophia

ISIDOR • ANTHEMIOS: ISTANBUL, TÜRKEI

CA. 532 – 537 N. CHR.

Weitere wichtige Bauwerke

Santa Sabina, unbekannter Architekt, 422–432 n. Chr., Rom, Italien
Hagia Irene, unbekannter Architekt, 548 n. Chr., Istanbul, Türkei
Sant'Apollinare in Classe, unbekannter Architekt, 549 n. Chr., Ravenna, Italien

BYZANTINISCHE ARCHITEKTUR **S. 17**

Nach dem Zerfall des Römischen Westreichs im 5. Jahrhundert bestand das Ostreich fort. Es wurde von aufeinander folgenden christlichen Herrschern regiert, die in der Hauptstadt Konstantinopel residierten (heute Istanbul).

Die erste Hagia Sophia („heilige Weisheit") ließ Kaiser Konstantin (272–337 n. Chr.) im Jahr 326 n. Chr. als Teil des neu gegründeten Konstantinopels errichten. Später ordnete Kaiser Justinian (ca. 482–565 n. Chr.) einen Neubau der Kirche an. Mit ihrer gewaltigen, 32,5 Meter breiten und 56 Meter hohen Kuppel wurde die Kirche zum Vorbild für viele nachfolgende byzantinische Bauten. Justinian bestimmte den Physiker Isidor von Milet (ca. 442–ca. 537 n. Chr.) und den Mathematiker Anthemios von Tralleis (ca. 474–ca. 534 n. Chr.) als Architekten; Anthemios starb jedoch, bevor die Kirche vollendet war.

Das gewaltige Bauwerk, das in nur fünf Jahren fertiggestellt wurde, besitzt einen großen, von der Kuppel definierten Andachtsraum. Die Kuppel wiederum ruht auf vier Pendentifs über vier hochaufragenden Bögen – es war die erste, die mit Pendentifs konstruiert wurde. Der untere Teil der Kuppel ist von 40 regelmäßig verteilten Obergadenfenstern durchbrochen, durch die Licht hereinströmt. Die umlaufenden Seitenschiffe sind durch Kolonnaden abgetrennt. Zwei Halbkuppeln mit dem gleichen Durchmesser wie die Hauptkuppel wurden später ergänzt; sie fungieren als Strebewerk für die Hauptkuppel. Nachdem die Kirche im 16. Jahrhundert zur Moschee umgewidmet worden war, wurden noch Minarette aus Backstein und Stein hinzugefügt.

ISIDOR VON MILET UND ANTHEMIOS VON TRALLEIS

Bevor Isidor von Milet die Hagia Sophia entwarf, lehrte er Stereometrie und Physik an den Universitäten von Alexandria und Konstantinopel. Außerdem studierte er das Werk des griechischen Physikers, Erfinders und Mathematikers Archimedes (ca. 287–ca. 212 v. Chr.) und schrieb einen Kommentar zu einer Schrift über Gewölbe. Anthemios arbeitete als Mathematiker, Physiker und Ingenieur.

KUPPEL **S. 172** BOGEN **S. 173** SÄULE **S. 177** GEWÖLBE **S. 183** PORTIKUS/PORTAL **S. 186** STEIN **S. 192** BACKSTEIN **S. 195** MOSAIK **S. 204** GLAS **S. 206**

Tempel der Inschriften

PALENQUE, MEXIKO

CA. 670 – 700 N. CHR.

Der Tempel der Inschriften in der Maya-Siedlung Palenque aus dem 7. Jahrhundert ist die größte mittelamerikanische Stufenpyramide.

Dieser Maya-typische Tempel wurde als Grabmal für K'inich Janaab' Pakal (603–83 n. Chr.) errichtet, der im 7. Jahrhundert über Palenque herrschte. Die ursprüngliche Siedlung war 599 n. Chr. zerstört worden, und bei ihrem Wiederaufbau ließ sich Pakal gleich sein eigenes Mausoleum errichten. Dessen Fertigstellung dauerte Jahre und erforderte den Einsatz von hunderten Arbeitern, Handwerkern und Steinmetzen. Unter Pakals Sohn und Nachfolger K'inich Kan B'alam II. (635– 702 n. Chr.) wurden die Arbeiten fortgesetzt und auch Pakals aufwendig verzierter Sarkophag angefertigt.

Die neun Stufen des Tempelaußenbaus stehen für Xibalba, die neunstufige Unterwelt der Maya; überhaupt ist die Pyramide reich an symbolischer Bedeutung. Die letzte, steile Stufe führt hinauf zu einer Plattform, auf der der eigentliche Tempel steht, der mehrere Kammern enthält. Von hier aus gelangt man über eine geheime Treppe, die 13 Ebenen hinab führt – ein Symbol für die 13 Ebenen des Maya-Himmels – zu Pakals Grabkammer. Eine Inschrift auf dem Deckel von Pakals Sarkophag gibt Auskunft über sein Leben; im Innern des Sarkophags liegt seine Totenmaske aus Jade.

oben: Der Tempel, der ursprünglich mit bunt leuchtendem Stuck verkleidet war, lag nahe dem Königspalast von Palenque, was auf sein Ansehen schließen lässt.

rechts: Breite Steinstufen führen auf die Spitze der Pyramide. Die großzügig angelegte Treppe verwies auf die Bedeutung des Tempels; benutzt wurde sie nur von Maya-Priestern und der königlichen Familie.

PRÄKOLUMBIANISCHE ARCHITEKTUR **S. 13**

Weitere wichtige Bauwerke

Sonnenpyramide, unbekannter Architekt, ca. 200–50 n. Chr., Teotihuacan, Mexiko

Tempel des großen Jaguar, unbekannter Architekt, 730 n. Chr., Tikal, Guatemala

Kriegertempel, unbekannter Architekt, ca. 1100, Yucatan, Mexiko

links: Die Pfeiler an der Stirnseite des Tempels waren mit Stuckreliefs verziert, die Maya-Götter, Geister der Vorfahren und Maya-Herrscher abbildeten, doch die Inschriften, die dem Tempel seinen Namen gaben, befinden sich vor allem im Innern.

Der Tempel, der ehemals den Namen Lakamha trug, was „Großes Wasser" bedeutet, besitzt fünf schlichte, viereckige Eingänge und ist 35 Meter hoch. Auf den sechs Pfeilern seitlich der Eingänge sind Bilder und Inschriften eingemeißelt, darunter Symbole von Palenques Hauptgöttern, Pakals Sohn und seiner Mutter, Sak K'uk' (regierte 612–615 n. Chr.). Das gewölbte Tempeldach ist ebenfalls mit Inschriften versehen, daher auch der Name des Tempels. Nach seiner Fertigstellung wurde das Gebäude mit einer dicken Schicht Stuck in leuchtenden Farben verkleidet.

MAYA-ARCHITEKTEN

Die Maya lebten im mittelamerikanischen Südmexiko und Guatemala. Maya-Architekten ließen sich von früheren mittelamerikanischen Kulturen inspirieren, insbesondere den Olmeken und Teotihuacan. Sie verwendeten lokale Baumaterialien wie Kalkstein, Sandstein und Tuff, die sie mit Werkzeugen in Blöcken aus dem Fels schnitten. Aus Lehm und Zement aus gebranntem Kalk stellten sie eine Art Beton her.

KUPPEL **S. 172** BOGEN **S. 173** TREPPE **S. 176** SÄULE **S. 177** PORTIKUS/PORTAL **S. 186** STEIN **S. 192** BACKSTEIN **S. 195**

Felsendom

RAJA IBN HAYWAH • YAZID IBN SALLAM: JERUSALEM

691 N. CHR.

Weitere wichtige Bauwerke

Große Moschee von Mekka, unbekannter Architekt, 692 n. Chr., Hedschas, Saudi-Arabien

Imam-Husain-Schrein, unbekannter Architekt, 684 n. Chr., Kerbala, Irak

Imam-Reza-Schrein, unbekannter Architekt, 818 n. Chr., Maschhad, Iran

Der Felsendom wurde an einem Ort errichtet, der für Juden, Christen und Muslime von gleichermaßen großer Bedeutung ist. Im Arabischen heißt er Qubbat al-Sakhrah, im Hebräischen Kippat Hasela.

Von dem Felsen, auf dem das Bauwerk errichtet wurde, soll der Prophet Mohammed zum Himmel aufgestiegen sein. Hier wollte Abraham Gott seinen Sohn Isaak opfern, und hier stand einst der Tempel Salomos. Der Felsendom greift Stilelemente der syrischen Byzantinik auf. Seine goldene, knapp 35 Meter hohe und 20 Meter breite Kuppel ruht auf einem Tambour. Der wird getragen von kreisförmigen Arkaden aus vier Pfeilern und zwölf Säulen, die von antiken römischen Stätten stammen. Ursprünglich bestand die Kuppel aus massivem Gold, das aber später durch Kupfer und dann Aluminium ersetzt wurde. Die heutige Aluminiumkuppel ist mit Blattgold überzogen.

In Auftrag gegeben wurde das achteckige Gebäude zunächst von Abd al-Malik (646–705 n. Chr.), einem Kalifen der Ummayaden. Proportionen und Gestaltung sind der nahegelegenen Grabeskirche (335 n. Chr.) nachempfunden. Verkleidet wurde der Bau mit blauen und goldenen Fliesen aus der Türkei. In der islamischen Kunst steht Blau für den Himmel und verweist auf die Unendlichkeit, während Gold ein Symbol für die Weisheit Gottes ist. Die Kuppelform symbolisiert sowohl Mohammeds Himmelfahrt als auch die Ganzheit und die Ausgewogenheit des muslimischen Glaubens. Kuppel und Außenwände haben viele Fenster, durch die Tageslicht hineinflutet. Im Innern bilden Kolonnaden zwei konzentrisch angelegte Wandelgänge aus, einen kreisrunden und einen achteckigen.

ISLAMISCHE ARCHITEKTUR **S. 20**

RAJA IBN HAYWAH UND YAZID IBN SALLAM

Über die Architekten des Felsendoms ist wenig bekannt. Es handelt sich wahrscheinlich um Raja ibn Haywah (gest. 730 n. Chr.) und Yazid ibn Sallam (Lebensdaten unbekannt). Zwischen 687 und 691 n. Chr. beauftragte der Ummayaden-Herrscher Abd al-Malik ibn Marwan (regierte 685–705 n. Chr.) die beiden Männer, eine Kuppel zu konstruieren, „aus den besten Materialien, die ihnen zur Verfügung stünden".

KUPPEL **S. 172** BOGEN **S. 173** SÄULE **S. 177** STEIN **S. 192** BACKSTEIN **S. 195** FLIESEN **S. 198**
MARMOR **S. 200** MOSAIK **S. 204** GLAS **S. 206**

Prambanan

JAVA, INDONESIEN

855 N. CHR.

Die im 9. Jahrhundert erbaute Tempelanlage Prambanan liegt auf der indonesischen Insel Java unweit der Grenze zum Sultanat Yogyakarta. Vermutlich wollte man mit ihrem Bau das Wiedererstarken des Hinduismus demonstrieren, nachdem die hinduistische Sanjaya-Dynastie in Zentraljava wieder an die Macht gelangt war.

Nach fast einem Jahrhundert buddhistischer Herrschaft gab König Rakai Pikatan (regierte 838–850 n. Chr.) einen Tempel zu Ehren des Gottes Shiva in Auftrag. Nachfolgende Herrscher erweiterten den Bau, wodurch eine Anlage aus drei Zonen entstand. Die äußere Zone war ein weiter, offener Raum. Die mittlere Zone umfasste mehr als 200 kleine identische Schreine. Und in der inneren, der heiligsten Zone, befanden sich die Haupttempel und weitere kleine Schreine. Sie war eingefasst von einer viereckigen Steinmauer, die in alle vier Himmelsrichtungen von einem Tor durchbrochen war. Die drei Trimurti-Tempel im Zentrum der inneren Zone sind den drei Formen der Göttlichkeit gewidmet, verkörpert durch Shiva (den Zerstörer), Brahma (den Schöpfer) und Vishnu (den Bewahrer).

Der 47 Meter hohe und 34 Meter breite Shiva-Tempel ist das höchste und größte Gebäude der Anlage. Er erhebt sich auf einem quadratischen Sockel über einem kreuzförmigen Grundriss und besitzt vier breite Treppen. Sämtliche Schreine in der inneren und mittleren Zone sind aufwendig mit Reliefs verziert, die Geschichten aus der indonesischen Version des Ramayana-Epos erzählen. Der für Hindu-Tempel typischen Gesamtanlage liegt ein geometrisches Raster zugrunde, in dessen Mitte das Hauptgebäude aufragt. Da für die Konstruktion überwiegend organische Materialien verwendet wurden, sind viele der ur sprünglichen Bauten nicht mehr erhalten.

HINDUISTISCHE ARCHITEKTUR S. 19

Weitere wichtige Bauwerke

Kanchi-Kailasanathar-Tempel, unbekannter Architekt, 685–705 n. Chr., Kanchipuram, Indien

Brihadishvara-Tempel, unbekannter Architekt, 1000–1010, Thanjavur, Indien

Kandariya-Mahadeva-Tempel, unbekannter Architekt, ca. 1005–1030, Khajuraho, Indien

HINDUISTISCHE ARCHITEKTEN

Die frühesten hinduistischen Architekten schufen einfache, aus dem Fels gehauene Schreine; später wurden dann monumentale, ornamentierte Tempel errichtet. Die Anlagen, die über einem gerasterten, rechteckigen Grundriss mit hoch aufsteigenden Türmen und kunstvollen, dekorativen Skulpturen gebaut waren, wurden als Wohnsitz bestimmter Götter betrachtet. Zu den frühen Baumaterialien gehörten Holz und gebrannter Ton, doch nach und nach wechselten die Architekten zu Backstein, Stein und ganz besonders Marmor.

→ TURM **S. 174** TREPPE **S. 176** TURMHELM **S. 184** STEIN **S. 192** BACKSTEIN **S. 195**

Abteikirche Maria Laach

ANDERNACH, DEUTSCHLAND

1093 – 1230

Weitere wichtige Bauwerke

Notre-Dame-la-Grande, unbekannter Architekt, 1086–1150, Poitiers, Frankreich

Santiago de Compostela, Maestro Esteban, Bernardo il Viejo, Robertus Galperinus und Bernardo el Joven, 1075–1211, Santiago de Compostela, Spanien

Speyerer Dom, unbekannter Architekt, 1030–1061, Speyer, Deutschland

Die Abteikirche Maria Laach am südwestlichen Ufer des Laacher Sees, eines großen Vulkansees, ist eine der höchsten Kirchen der deutschen Romanik.

Die 1093 von Heinrich II., Pfalzgraf von Rhein (gest. 1095), und seiner Frau Adelheid (gest. 1100) gegründete monumentale Benediktinerabtei wurde größtenteils aus örtlichem Lavagestein von lombardischen Baumeistern errichtet. Die Krypta und einige Außenwände wurden nach dem Tod Heinrichs II. fertiggestellt, doch als Adelheid fünf Jahre später starb, kamen die Bauarbeiten zum Erliegen. 1152 wurden sie fortgesetzt, und 1156 weihte der Trierer Erzbischoff Hillin von Fallemanien (ca. 1100–1169) die Krypta, das mit einem Holzdach versehene Mittelschiff und den Westchor.

An beiden Enden der eindrucksvollen Abteikirche erheben sich drei Türme. Der größte, viereckige Turm, dessen Helmdach einem Diamanten ähnelt, steht an der Westseite und wird von zwei runden Türmen mit dreieckigen Dachsegmenten flankiert. Das Westportal wurde zwischen 1220 und 1230 von burgundischen Baumeistern errichtet, die es mit einem großen Atrium ausstatteten. Möglicherweise ersetzten diese Baumeister auch das flache Holzdach des Mittelschiffs durch ein gewölbtes Steindach. Die Rundbogenarkaden an den Außenseiten des Portals finden ihren Widerhall in den Rundbögen im Kircheninnern. Das große Westwerk (Eingangsbereich am westlichen Ende der Kirche) ist charakteristisch für die deutsche Ausprägung der Romanik: Es ist breiter als Mittelschiff und Seitenschiffe zusammen. Unter Abt Diedrich II. von Lehmen (1256–1295) wurden später einige gotische Elemente ergänzt.

ARCHITEKTEN DER ROMANIK

Neben dem Italiener Benedetto Antelami (ca. 1150–1230) und dem spanischen Meister Mateo (ca. 1150–ca. 1200) sind nur wenige Architekten der Romanik namentlich bekannt. Viele von ihnen waren, wie diese beiden, auch Bildhauer. Sie nutzten ihr Verständnis von Maß, Größe und Negativraum, um damit zu experimentieren. Gleichzeitig beaufsichtigten sie die Steinmetze, Bauarbeiter und Dekorateure. Die Verwaltung der Finanzen oblag für gewöhnlich den Geistlichen.

ROMANIK S. 24

TURM **S. 174** INNENHOF **S. 175** SÄULE **S. 177** ATRIUM **S. 180** GEWÖLBE **S. 183** STEIN **S. 192**
BACKSTEIN **S. 195** PUTZ **S. 203** GLAS **S. 206**

Angkor Wat

SIEM REAP, KAMBODSCHA

ca. 1113 – ca. 1150

Die im 12. Jahrhundert erbaute, nach Westen ausgerichtete Tempelanlage Angkor Wat war ursprünglich dem Hindu-Gott Vishnu gewidmet, wurde später aber in eine buddhistische Kultstätte umgewandelt.

Kurz nachdem er König des Khmer-Reichs geworden war, gab Suryavarman II. (regierte 1113–1150) Angkor Wat in Auftrag. Es wurde als Pyramide gestaltet und sollte die Struktur des Universums abbilden. Das Zentrum des Tempels symbolisierte den heiligen Berg Meru, den Wohnsitz der Hindu-Götter, wobei die fünf Türme, die sich auf einem von Kolonnaden eingefassten Sockel erhoben, die fünf Gipfel des Berges darstellten. Diese Türme liegen hinter Bogenmauern auf verschiedenen Ebenen. Ein langer Weg führt vom Westtor der Außermauer über einen

BUDDHISTISCHE ARCHITEKTUR **S. 15** HINDUISTISCHE ARCHITEKTUR **S. 19** KHMER-ARCHITEKTUR **S. 23**

Damm zur Haupttempelzone. Der breite, viereckige Graben, der die Anlage einfasst, stand für die mythischen Ozeane, die die Erde umgeben. Nahe dem Zentrum liegen zwei kleine steinerne Schreine am Dammweg.

Der Tempel selbst hat zu allen Seiten überdachte Galerien mit Wandelgängen, die den Weg zum zentralen Schrein weisen. Der Aufstieg zu eben diesem steht symbolisch für den Aufstieg auf den Gipfel eines echten Berges. Fast 2000 Quadratmeter Flachreliefs zieren die Wände: Es gibt geschmückte Stürze, Friese und Giebeldreiecke, die Szenen aus den Hindu-Epen Ramayana und Mahabharata darstellen. Ein Großteil von Angkor Wat ist aus Sandstein und Laterit erbaut, einer lokalen Tonerde, die unter Sonnen- und Lufteinwirkung schnell aushärtet.

KHMER-ARCHITEKTUR

Die für ihre üppigen Steinmetzarbeiten, Skulpturen und Reliefs bekannte Khmer-Architektur erlebte ihre Blütezeit vom frühen 9. bis zur ersten Hälfte des 15. Jahrhunderts. Khmer-Architekten hingen strengen religiösen und politischen Vorstellungen an, die ursprünglich aus Indien importiert worden waren, passten sich aber auch lokalen Bedingungen an, etwa mit dem von Galerien eingefassten Tempel auf der Terrasse.

Weitere wichtige Bauwerke

Pre Rup, unbekannter Architekt, 961 n. Chr., Siem Reap, Kambodscha

Banteay Srei, unbekannter Architekt, 967 n. Chr., Siem Reap, Kambodscha

Ta Prohm, unbekannter Architekt, 1186, Siem Reap, Kambodscha

→ TERRASSE **S. 187** STEIN **S. 192** BACKSTEIN **S. 195**

Krak des Chevaliers

HOMS, SYRIEN

1142 – 1171

DER JOHANNITERORDEN

In der Zeit der Kreuzzüge, von 1096 bis 1272, wurde der Festungsbau in Europa stark von der islamischen Architektur beeinflusst. Kurz vor Beginn der Kreuzzüge gründete sich der Johanniterorden, der sich im Heiligen Land um die Kranken, Armen und verletzten Pilger kümmern wollte. Nach Beginn der Kreuzzüge entwickelte er sich zu einem Ritterorden und errichtete im Nahen Osten verschiedene Festungen.

GOTIK S. 25

Weitere wichtige Bauwerke

Burg Margat, unbekannter Architekt, 1062, Baniyas, Syrien

Caerphilly Castle, unbekannter Architekt, 1268–1290, Caerphilly, Großbritannien

Beaumaris Castle, James of St George, 1295–1330, Anglesey, Großbritannien

Krak des Chevaliers thront auf einem 650 Meter hohen Hügel und ist von einer geschlossenen Ringmauer umgeben. Aufgrund dieser Merkmale wird die Anlage sowohl als Spornburg wie als Ringburg klassifiziert.

Die Franken hatten der Anlage ursprünglich den Namen Le Crat gegeben, der jedoch einige Zeit später mit dem syrischen Wort für Burg, karak, verschmolz. Die vom Johanniterorden während der Kreuzzüge errichtete Burg lag an einem strategisch wichtigen Punkt, in 40 Kilometer Entfernung von der Stadt Homs, an der Route von Antiochia nach Beirut und zum Mittelmeer. Jahrzehntelang nutzten die Johanniter die Festung als Basislager im Mittleren Osten. Ihre Architektur verbindet Stilelemente der europäischen Gotik mit Merkmalen des mittelalterlichen und islamischen Militärbaus. Zu den gotischen Charakteristika zählen hohe Decken und Türme, Maßwerk und filigrane Dekoration sowie Spitzbögen über Türen und Fenstern. Im 13. Jahrhundert wurden, inspiriert von der muslimischen Architektur, Pechnasen ergänzt – über die Außenmauer hinausreichende Vorsprünge im Wehrgang mit einer Öffnung im Boden.

Die innere Burg, die vorwiegend aus Kalkstein besteht, wurde von einer Ringmauer geschützt, auf der sich sieben Türme von je zehn Metern Durchmesser erhoben. Innerhalb der Mauer lag ein Innenhof, um den sich Gewölbekammern gruppierten, mit riesigen Lagerräumen für Vorräte und großen Stallungen für Pferde. So konnten sich die Burgbewohner im Notfall schützen und selbst versorgen.

DACH **S. 168** TURM **S. 174** INNENHOF **S. 175** TREPPE **S. 176** ATRIUM **S. 180**
GEWÖLBE **S. 183** STEIN **S. 192** BACKSTEIN **S. 195** PUTZ **S. 203**

Kahedrale von Chartres

CHARTRES, FRANKREICH

1194 – 1250

Weitere wichtige Bauwerke

Notre Dame, unbekannter Architekt, ca. 1163–1345, Paris, Frankreich

Kathedrale von Beauvais, Jean d'Orbais, Jean-Le-Loup, Gaucher de Reims und Bernard de Soissons, 1225–1573, Beauvais, Frankreich

Kathedrale von Salisbury, Elias de Dereham, 1220–1258, Wiltshire, Großbritannien

Die Kathedrale von Chartes, südwestlich von Paris, war die fünfte Kathedrale, die an einem Ort errichtet wurde, der sowohl Druiden als auch Römern als Kultstätte gedient hatte. Und sie war die erste von mehreren Kathedralen, die ab dem Ende des 12. Jahrhunderts im Stil der Hochgotik erbaut wurden.

Das Bauwerk ist gleichermaßen für seine Architektur wie für seine Buntglasfenster berühmt. Es besitzt ein 34 Meter hohes Gewölbe und 3000 Quadratmeter Buntglas. Nachdem die Vorgängerkathedrale 1194 durch einen Brand zerstört worden war, entwarfen Architekten den Neubau über einem kreuzförmigen Grundriss und mit einem rund 130 Meter langen Hauptgebäude. Zu den charakteristischen Merkmalen der Kathedrale gehören ein von Arkaden flankiertes Mittelschiff, ein Chorumgang mit Radialkapellen, ein Triforium, große Obergadenfenster, Lanzettfenster sowie Fensterrosen. Die außergewöhnliche Höhe wurde durch die massiven Strebebögen und Strebepfeiler ermöglicht, dank derer auch die Wände mit riesigen Buntglasfenstern versehen werden konnten.

Für den Bau der Kathedrale von Chartres waren 26 Jahre nötig; das Nord- und das Südportal des Querhauses wurden später, zwischen 1224 und 1250, vollendet. Zum monumentalen Mittelschiff gehört die Portalanlage im Westen, die mit Skulpturen und Reliefs von biblischen Szenen geschmückt ist. Über dem westlichen Ende der Kirche erheben sich zudem zwei ungleiche Türme: ein 105 Meter hoher, pyramidenartiger Turm, der um 1160 errichtet wurde, und ein 113 Meter hoher Turm im Flamboyant-Stil aus dem 16. Jahrhundert.

GOTISCHE ARCHITEKTEN

Gotische Architekten arbeiteten vor allem für die Kirche. Sie entwarfen Klöster und Kathedralen, die leicht und luftig wirken und allen, die sie sahen oder betraten, das Gefühl gaben, Gott nahe zu sein. Ihre Bauten zeichnen sich häufig durch riesige Buntglasfenster aus. Turmhelme, Strebebögen und Spitzbögen hatten sowohl statische wie auch dekorative Funktion; die hohen Deckengewölbe öffneten die Innenräume nach oben.

GOTIK **S. 25**

BOGEN **S. 173** SÄULE **S. 177** STREBEBOGEN **S. 178** GEWÖLBE **S. 183** TURMHELM **S. 184**
PORTIKUS/PORTAL **S. 186** STEIN **S. 192** BACKSTEIN **S. 195** GLAS **S. 206**

Alhambra

GRANADA, SPANIEN

1238 – 1358

Weitere wichtige Bauwerke

Alcázar, unbekannter Architekt, 913–1366, Sevilla, Spanien

Maurische Festung, unbekannter Architekt, 14. Jahrhundert, Gibraltar

Generalife, unbekannter Architekt, 14. Jahrhundert, Granada, Spanien

Die gegen Ende des Mittelalters erbaute Alhambra ist eine ehemalige Moschee, ein Palast und eine Burganlage. Ihr Name ist vom Arabischen *al hamra* abgeleitet, was „rotes Haus" bedeutet.

Ein Großteil der bis heute erhaltenen Architektur, darunter die königlichen Wohnräume, Gerichtssäle, Räume für offizielle Anlässe und eine Moschee, wurde für die Nasriden-Dynastie (1230–1492) erbaut, die letzten islamischen Herrscher in Spanien. Maurische Dichter beschrieben die Alhambra als „in Smaragde eingefasste Perle". Angelegt als unabhängige, befestigte Stadt mit Einfassungsmauer, umfasst die Anlage etwa 30 Türme und vier große Tore und wurde sowohl als islamischer Regierungssitz wie als Residenz des Sultans genutzt. Das Areal erstreckt sich über 10,5 Hektar und war in drei unabhängige

ISLAMISCHE ARCHITEKTUR **S. 20** MAURISCHE ARCHITEKTUR **S. 22**

Bereiche untergliedert: eine Zitadelle, in der eine Militäreinheit stationiert war; einen Palast, in dem der Sultan mit seiner Familie lebte und der Hof zusammenkam; und eine Medina, eine kleine Stadt für Gerichts- und Verwaltungsbeamte.

Zu den architektonischen Besonderheiten der Alhambra gehört der Löwenhof mit seinem großen Brunnen, der von zwölf Marmorlöwen umstanden ist und aus dem das Wasser in alle vier Himmelsrichtungen fließt. Der benachbarte Myrtenhof verfügt über ein langgezogenes Wasserbecken, das an den Querenden von zarten Säulengängen abgegrenzt wird. Über ihn gelangt man zum Botschaftersaal, dessen kuppelförmige Holzdecke mit sieben Reihen sternförmiger Intarsienmuster verziert ist – ein Symbol für die im Koran erwähnten sieben Himmel.

MAURISCHE ARCHITEKTEN

Die Architektur der während der Nasriden-Herrschaft, der letzten arabisch-muslimischen Dynastie in Spanien, erbauten Alhambra folgte den islamischen Gepflogenheiten, soweit das an einem so felsigen Ort möglich war. Die Namen der Architekten sind unbekannt. Die Innenhöfe mit ihren schlanken Bogengängen, ihren Brunnen und Wasserbecken sind dem Paradies nachempfunden, wie es in der islamischen Dichtung beschrieben wurde.

→ BOGEN **S. 173** SÄULE **S. 177** TERRASSE **S. 187** STEIN **S. 192** BACKSTEIN **S. 195** GLAS **S. 206**

Santa Maria del Fiore

1294 – 1436

ARNOLFO DI CAMBIO • FILIPPO BRUNELLESCHI • FRANCESCO TALENTI • GIOVANNI DI LAPO GHINI • ALBERTO ARNOLDI • GIOVANNI D'AMBROGIO • NERI DI FIORAVANTE • ANDREA ORCAGNA: FLORENZ, ITALIEN

Weitere wichtige Bauwerke

Ospedale degli Innocenti, Filippo Brunelleschi, 1445, Florenz, Italien

San Lorenzo, Filippo Brunelleschi, 1422–1470, Florenz, Italien

Palazzo Medici-Riccardi, Michelozzo di Bartolomeo Michelozzi, 1459, Florenz, Italien

Die Architektur von Santa Maria del Fiore ist vor allem von gotischen Stilmerkmalen geprägt, greift aber auch viele Errungenschaften der Renaissance auf.

1294 beauftragte der Florentiner Stadtrat Arnolfo di Cambio (1240–1310) mit „einem Entwurf in einem prachtvollen Stil, der weder vom Fleiß noch von der Macht des Menschen übertroffen werden könne". Di Cambio entwarf eine massive Basilika mit einem Gewölbe über einer achteckigen Vierung, konnte aber keine Kuppel konstruieren, die breit genug gewesen wäre, den Raum zu überspannen. Der Bau der Kathedrale zog sich – mit einigen Modifizierungen – mehr als ein Jahrhundert hin. 1418 gewann Filippo Brunelleschi (1377–1446) einen Wettbewerb für eine umsetzbare Kuppel; die Bauarbeiten wurden danach über mehrere Jahre fortgesetzt. Für die Kuppel nutzte Brunelleschi eine Technik, die im antiken Rom für das Pantheon (siehe Seite 60) angewendet worden war: Die Kuppel war zweischalig, selbsttragend und aus Backstein. Die stabile Innenschale mit

Rechts: Giottos Campanile wurde von 1334 bis 1359 erbaut. Mit 84 Metern Höhe war er für die damalige Zeit extrem hoch. Giotto plante sogar, ihm noch einen Turmhelm aufzusetzen, doch nach seinem Tod im Jahr 1337 wurde dieser Plan nicht weiterverfolgt.

ARNOLFO DI CAMBIO UND FILIPPO BRUNELLESCHI

Arnolfo di Cambio war zunächst ein gefragter Maler und Bildhauer, bevor er dann ab 1266 in Rom und ab 1294 in Florenz als Architekt tätig wurde. Ähnlich verhält es sich mit Brunelleschi: Er begann als Goldschmied und Bildhauer, doch mit 23 übernahm er zunehmend architektonische Aufträge. Sein von antiken römischen Größenverhältnissen und Strukturen inspiriertes Werk ist beispielhaft für den Übergang von der Gotik zur Renaissance.

links: Das aus mehreren Steinrippen bestehende Kuppelgerüst ist mit Backstein in einer speziellen Fischgrättechnik ausgemauert. Die Laterne über der Kuppelspitze wurde nach Brunelleschis Tod 1461 fertiggestellt.

unten: Für die Fassade der Kirche wurde farbiger, überwiegend grüner und weißer Marmor verwendet, der zu Mustern, etwa vertikalen und horizontalen Bändern und Bögen arrangiert wurde. Am östlichen Ende der Kathedrale wurden drei Apsiden mit Halbkuppeldächern errichtet.

dem Fischgrätmuster trug die leichtere Außenschale und für ihren Bau war kein Gerüst vonnöten. Die 91 Meter hohe Konstruktion ist die größte Backsteinkuppel, die je errichtet wurde.

Der gesamte Komplex besteht aus drei Gebäuden: der Kathedrale, dem Baptisterium und dem Campanile (Glockenturm). Der Dom, der über dem Grundriss eines lateinischen Kreuzes errichtet ist, besitzt ein breites Mittelschiff mit vier Jochen und zu beiden Seiten je ein Seitenschiff. Im Laufe der Jahrhunderte haben zahlreiche Architekten an diesem Projekt gearbeitet, etwa Giotto di Bondone (ca. 1267–1337) und Andrea Pisano (1290–1348) am Campanile. Francesco Talenti (1300–1370) stellte den Campanile schließlich 1359 fertig, erweiterte acht Jahre später das Oktogon unter der Kuppel und ebnete damit den Weg für Brunelleschis Meisterstück. Santa Maria del Fiore war jahrhundertelang die größte Kirche Europas.

→ KUPPEL **S. 172** BOGEN **S. 173** SÄULE **S. 177** STEIN **S. 192** BACKSTEIN **S. 195** BUNTGLAS **S. 207**

Dogenpalast

FILIPPO CALENDARIO • ANTONIO RIZZO • ANTONIO DA PONTE • ANDREA PALLADIO: VENEDIG, ITALIEN

1340 – 1580

Der Dogenpalast, eine bedeutende Sehenswürdigkeit der Stadt Venedig, war Amtssitz des Dogen, des gewählten Oberhauptes der Republik Venedig.

700 Jahre lang war der Dogenpalast an der Piazza San Marco Sitz der Macht. Im Innern des Gebäudes befanden sich Gerichtssäle, Verwaltungsbüros, Ballsäle, Prunktreppen sowie Gefängniszellen. Es ist im Stil der venezianischen Gotik erbaut, weist aber auch byzantinische Elemente und Ergänzungen aus der Renaissance und dem Manierismus auf. Der Palast besteht aus drei großen Flügeln, die mit einem Rautendekor aus rosa Marmor aus Verona und weißem Stein aus Istrien verkleidet sind.

Mit dem frühesten Bauteil, der Fassade im Stil der venezianischen Gotik, die zum Wasser ausgerichtet ist, wurde 1340 begonnen. Die Arkade im ersten Stock ist von byzantinischen Vorbildern inspiriert. Die dünnen Säulen, die dichter stehen als die Säulen im Erdgeschoss, tragen filigranes Maßwerk aus Kiel- und Dreipassbögen, über denen sich wiederum Rundfenster mit Vierpassöffnungen anschließen. Die breite Wandfläche über den beiden offenen Etagen verleiht dem oberen Teil des Palastes eine gewisse Kopflastigkeit. Um dem entgegenzuwirken, wurde sie mit dem Marmormuster in zarten Farben verkleidet. Im Laufe der Jahrhunderte nahm man zahlreiche Erweiterungen vor, etwa nachdem 1574 und 1577 zwei Brände Teile des Gebäudes zerstört hatten. Im späten 16. Jahrhundert wurden in einem separaten Neubau auf der anderen Seite des Kanals zusätzliche Gefängniszellen geschaffen, die Prigioni Nuove (neue Gefängnisse), die über den Ponte dei Sospiri (Seufzerbrücke) mit dem Palast verbunden wurden.

DIE ARCHITEKTEN DES DOGENPALASTES

Der Bau des Dogenpalastes ist zwar nur unzureichend dokumentiert, doch waren auf jeden Fall mehrere Architekten daran beteiligt. Einen Großteil des ursprünglichen Gebäudes könnte Filippo Calendario (ca. 1315–1355) entworfen haben. Nach dem Brand von 1574 war Antonio da Ponte (1512–1597) der leitende Architekt: Dessen Neffe Antonio Contino (Lebensdaten unbekannt) entwarf im Jahr 1600 die Seufzerbrücke. Andrea Palladio wirkte, ebenfalls nach dem Brand, an der Innengestaltung, Befestigung und Dekoration mit.

GOTIK **S. 25** RENAISSANCE **S. 26** PALLADIANISMUS **S. 28**

Weitere wichtige Bauwerke

Santa Maria Gloriosa dei Frari, Jacopo Celega, 1250–1338, Venedig, Italien

Ca d'Oro, Bartolomeo Bon und Giovanni Bon, 1428–1430, Venedig, Italien

Palazzo Cavalli-Franchetti, unbekannter Architekt, 1565, Venedig, Italien

BOGEN **S. 173** SÄULE **S. 177** TERRASSE **S. 187** STEIN **S. 192** BACKSTEIN **S. 195** GLAS **S. 206**

Sonnentempel

MACHU PICCHU, PERU

CA. 1450

INKA-ARCHITEKTUR

Inka-Bauten integrierten topografische Besonderheiten in ihre Architektur und mischten auf diese Weise geometrische mit natürlichen Formen. Das wichtigste Baumaterial war Stein, der sorgfältig zu glatt geschliffenen Blöcken verarbeitet wurde. Die schweren Steinblöcke wurden mithilfe von Seilen, Stämmen, Pfählen, Hebeln und Rampen bewegt. Vor Ort wurden sie so präzise zugehauen, dass kein Mörtel notwendig war.

Die im 15. Jahrhundert erbaute Inka-Stadt Machu Picchu liegt auf einem Bergkamm in 2.430 Meter Höhe über dem Meeresspiegel.

Die Gebäude mit ihren glatt geschliffenen Trockensteinwänden wurden im klassischen Inka-Stil errichtet. Zu den markantesten Bauwerken zählen der Intihuatana-Stein (häufig übersetzt mit „wo die Sonne angebunden ist"), der Tempel der Drei Fenster und der Sonnentempel. Die Inkas glaubten, dass sie vom Sonnengott Inti abstammten. Ihre Glaubensvorstellungen und -rituale waren deshalb mit der Sonne und dem übrigen Kosmos verbunden.

Der auf einem Granitfelsen errichtete Sonnentempel ist aus Steinen erbaut, die so sorgfältig behauen und geschliffen wurden, dass sie genau aneinanderpassten. Er besteht aus einem halbkreisförmigen Bau und einem Turm mit einem trapezförmigen Fenster. In der Mitte des Tempels befindet sich ein großer Felsen, der vermutlich als Altar diente. In der darunterliegenden Höhle wurde wahrscheinlich der Inka-Herrscher Pachacutec (regierte 1438–1471) bestattet, der Machu Picchu erbauen ließ. An der Tempelrückwand finden sich mehrere kleine Löcher, von denen man animmt, dass sie mit farbigen Edelsteinen besetzt waren. Das gesamte Gebäude war so ausgerichtet, dass während der Sommer- und Wintersonnenwende die aufgehende Sonne direkt durch bestimmte Fenster einfiel.

Weitere wichtige Bauwerke

Sacsayhuamán, unbekannter Architekt, ca. 13. Jahrhundert, Cusco, Peru

Wachturm, unbekannter Architekt, ca. 1450, Ollantaytambo, Peru

Coricancha (ursprünglich Inti Kancha), unbekannter Architekt, ca. 1450, Cusco, Peru

PRÄKOLUMBIANISCHE ARCHITEKTUR **S. 13**

FENSTER **S. 167** TURM **S. 174** INNENHOF **S. 175** STEIN **S. 192**

Petersdom

1506 – 1615

DONATO BRAMANTE • BALDASSARE PERUZZI • CARLO MADERNO • ANTONIO DA SANGALLO • MICHELANGELO BUONARROTI • RAPHAEL:
ROM, ITALIEN

Der Petersdom heißt offiziell Basilika Sankt Peter und ist die größte Kirche der Welt. Er erhebt sich über der seit dem 1. Jahrhundert verehrten Grabstätte des heiligen Petrus.

1506 wurde Bramante (1444–1514) von Papst Julius II. (1443–1513) mit dem Entwurf eines Kirchenneubaus an dieser Stelle beauftragt. Inspiriert vom Pantheon (siehe Seite 60) gestaltete er ein Gebäude in Form eines großen griechischen Kreuzes mit einer Kuppel, die sich über den Petrusschrein spannen sollte. Nach Bramantes Tod führte Raphael (1483–1520) den Entwurf und die Konstruktion fort, und nach dessen Tod wiederum übernahmen mehrere Architekten, darunter Baldassare Peruzzi (1481–1536) und Antonio da Sangallo der Jüngere (1484–1546). Schließlich wurde Michelangelo (1475–1564) im Alter von 72 Jahren mit dem Projekt betraut.

Er hielt sich größtenteils an Bramantes Grundriss eines griechischen Kreuzes, den andere verworfen hatten, und schuf einen überzeugenderen, dynamischeren und einheitlicheren Entwurf, indem er Einzelsäulen durch Doppelsäulen ersetzte und eine monumentale, 136,5 Meter hohe Kuppel ergänzte. Nach seinem Tod verfolgten weitere Architekten, darunter Giacomo della Porta (1532–1602), Michelangelos Pläne weiter. 1606 ergänzte Carlo Maderno (1556–1629) ein kurzes Mittelschiff mit hoher Fassade und einem vorspringenden Portikus mit korinthischen Säulen sowie Fenstern im zweiten Stock für Ansprachen des Papstes. Das gesamte Gebäude ist ebenso hoch wie breit. Die Kuppel wird aus einer einzigen Betonschale gebildet; um ihr Gewicht zu reduzieren, wurden Tuff- und Bimsstein in den Beton gemischt. Im Scheitel der Kuppel öffnet sich ein 8 Meter breiter Oculus, durch den Tageslicht ins Innere dringt.

MICHELANGELO BUONARROTI

Michelangelo, der in ganz Europa als Bildhauer und Maler bewundert wurde, war in seinen späteren Jahren auch ein angesehener Architekt. Für seinen Beitrag zum Petersdom wollte er kein Geld annehmen und erklärte, dies sei sein Meisterwerk. Für Brunelleschis Kirche San Lorenzo in Florenz entwarf er die Medici-Kapelle und die Gräber von Giuliano und Lorenzo de Medici.

Weitere wichtige Bauwerke

Santa Maria di Montesanto und Santa Maria dei Miracoli, Carlo Rainaldi, Carlo Fontana und Gian Lorenzo Bernini, 1662–1677, Rom, Italien

Basilica di Superga, Filippo Juvarra, 1717–1731, Turin, Italien

Invalidendom, Jules Hardouin-Mansart, 1675–1706, Paris, Frankreich

RENAISSANCE **S. 26** BAROCK **S. 29**

KUPPEL S. 172 SÄULE S. 177 PORTIKUS/PORTAL S. 186 STEIN S. 192
BACKSTEIN S. 195 BETON S. 201 GLAS S. 206

Shibam

HADRAMAUT, JEMEN

1540 – 1600

Weitere wichtige Bauwerke

Chan Chan, unbekannter Architekt, ca. 850–1470 n. Chr., Trujillo, Peru
Arg-e Bam, unbekannter Architekt, 579–323 v. Chr., Bam, Iran
Birni, unbekannter Architekt, ca. 1050 n. Chr., Zinder, Niger

ISLAMISCHE ARCHITEKTUR **S. 20**

In einem entlegenen Tal im Jemen, in der Wüste Ramlat al-Sab'atayn, liegt die Stadt Shibam. Wegen ihrer Rolle als Handelsposten und ab dem 3. Jahrhundert n. Chr. als Hauptstadt des Königreichs von Hadramaut ist sie auch unter dem Namen Shibam Hadramaut bekannt.

Die von einer 7 Meter hohen Befestigungsmauer eingefasste Stadt wurde auf einem Felsvorsprung errichtet, um den Einwohnern freie Sicht auf die Umgebung zu ermöglichen und sie vor Hochwasser zu schützen. Nach einem solchen Hochwasser in den Jahren 1532–1533 wurde die Stadt in großen Teilen neu aufgebaut. Sie ist ein herausragendes Beispiel der traditionellen Hadrami-Architektur und über einem rechteckigen Raster angelegt. Sie besteht aus rund 500 Wohntürmen mit jeweils sechs bis zehn Stockwerken; manche sind bis zu 30,5 Meter hoch – Shibam wird daher auch als „Manhattan der Wüste" oder „Chicago der Wüste" bezeichnet. Die Höhe der Türme war einerseits eine Schutzmaßnahme, andererseits drückte sich darin auch das ökonomische oder politische Ansehen einer Familie aus.

Die Hochhäuser sind allesamt aus Lehmziegeln errichtet. Zur Herstellung dieser Ziegel wurde die örtliche, fruchtbare Erde mit Heu und Wasser gemischt, dann geformt und meist in der Sonne getrocknet statt gebrannt. Am Ende wurden die Häuser noch mit einer wasserabweisenden Schutzschicht aus Kalk oder zerkleinertem Gips weiß getüncht. Die höchsten Gebäude sind auf Steinfundamenten errichtet. Ihre fensterlosen Erdgeschosse wurden ursprünglich für das Vieh oder als Kornlager genutzt, während in den oberen Etagen, die jeweils einen oder zwei Räume hatten, die Familien lebten.

LEHMZIEGEL-ARCHITEKTUR

Ein Großteil der Häuser in Afrika, Europa, Asien und Amerika wurde früher aus Lehmziegeln erbaut, da diese billig und praktisch waren und sich einfach herstellen ließen. Lehmziegel-Architektur war auch im alten Ägypten üblicher als die Steinbauweise – das Thema wird allerdings selten behandelt. Die Gebäude um die Steingräber und -tempel herum waren aus ungebrannten Lehmziegeln erbaut.

→ DACH **S. 168** BOGEN **S. 173** TURM **S. 174** TREPPE **S. 176** STEIN **S. 192** LEHMZIEGEL **S. 193**

Basilius-Kathedrale

BARMA • POSTNIK JAKOWLEW: MOSKAU, RUSSLAND

1555 – 1561

Weitere wichtige Bauwerke

Sophienkathedrale, unbekannter Architekt, 1045–1052, Nowgorod, Russland

Verklärungskirche, unbekannter Architekt, 1714, Kischi, Russland

Alexander-Newski-Kathedrale, Alexander Pomerantsew, 1894–1912, Tallinn, Estland

Die Mariä-Schutz-und-Fürbitte-Kathedrale am Graben, besser bekannt als Kathedrale des seligen Basilius oder Basilius-Kathedrale, ist eine ehemalige Kirche am Roten Platz in Moskau.

Die zu Ehren des russischen Sieges über die Mongolen in der Schlacht von Kasan im Jahr 1552 errichtete Basilius-Kathedrale hat acht kleine Seitenkapellen, die sternförmig um den zentralen Kirchenbau herum angeordnet sind. Die Form der Anlage ist der des neuen Jerusalem nachempfunden, wie sie in der Offenbarung des Johannes beschrieben wird. Eine weitere Kapelle wurde 1588 über dem Grab des lokalen Heiligen Basilius errichtet.

In Auftrag gegeben wurde die Kirche von Iwan IV. (1530–1584), besser bekannt als Iwan der Schreckliche. Über jeder Kapelle erhebt sich ein Turm mit individuell dekoriertem Zwiebeldach. Verbunden sind die Kapellen durch enge, gewundene Gänge. Als Symbol für ihre Lage zwischen Himmel und Erde stehen die vier größeren, zu den vier Himmelrichtungen ausgerichteten Kapellen auf massiven Fundamenten; die kleineren sind auf erhöhten Plattformen errichtet. Die größeren Kapellen sind, genau wie der zentrale Kirchenbau, achteckig angelegt, während die vier diagonal dazu platzierten kleineren Kapellen eine Quaderform haben. Zwar wirkt die Kathedrale von außen her symmetrisch, doch ist das Gebäude mit seinen unterschiedlich hohen Kuppeln sorgfältig geplant. Die gesamte Struktur wurde aus Backstein und einem Holzskelett erbaut. Die leuchtenden Farben wurden zwischen den 1680er Jahren und 1848 ergänzt. Die Zwiebeltürme, die von der Kuppel der großen Moschee in Kasan inspiriert sind, die Iwan 1552 zerstören ließ, setzten einen Trend für alle nachfolgenden russisch-orthodoxen Kirchen.

BARMA UND POSTNIK JAKOWLEW

Möglicherweise handelt es sich bei den im 16. Jahrhundert tätigen Architekten Postnik Jakowlew und Barma (Lebensdaten unbekannt) um ein und dieselbe Person. Vielleicht war Barma ein Spitzname, vielleicht war es aber auch Postniks Bruder oder Assistent. Mit der Basilius-Kathedrale – seinem berühmtesten Bau – schuf Postnik ein beispielloses Werk, das die Architektur aller nachfolgenden russisch-orthodoxen Kathedralen beeinflusste.

BYZANTINISCHE ARCHITEKTUR **S. 17** RENAISSANCE **S. 26**

KUPPEL **S. 172** TURM **S. 174** SÄULE **S. 177** BACKSTEIN **S. 195** HOLZ **S. 196** GLAS **S. 206**

Villa La Rotonda

ANDREA PALLADIO: VICENZA, ITALIEN

1567 – CA. 1592

Die Renaissance-Villa Almerico Capra, besser bekannt als La Rotonda, wurde für einen vatikanischen Priester im Ruhestand, Paolo Almerico (1514–1589), nahe dem norditalienischen Vicenza erbaut.

La Rotonda, deren Kuppel von der des Pantheons in Rom (siehe Seite 60) inspiriert ist, war von Andrea Palladio (1508–1580) als quadratisches, symmetrisches Bauwerk entworfen worden, mit vorspringenden Portiken an allen vier Fassaden. Jeder Portikus besitzt ein Giebeldreieck, das mit Statuen klassischer Götter geschmückt ist und von sechs ionischen Säulen getragen wird. Der Name La Rotonda verweist auf die zentrale Rundhalle und die Kuppel. Damit jeder Raum in der Villa etwas Tageslicht bekam, wurde das Gebäude um 45 Grad gedreht, sodass die Ecken in die vier Himmelsrichtungen weisen.

Die Bauarbeiten begannen 1567, doch weder Palladio noch Almerico erlebten die Fertigstellung der Villa. Nach Palladios Tod beauftragten die neuen Eigentümer einen zweiten Architekten, Vincenzo Scamozzi (1548–1616). Eine der größten Veränderungen, die dieser am ursprünglichen Entwurf vornahm, bestand darin, die zweistöckige zentrale Halle zu modifizieren. Palladio hatte geplant, sie mit einer hohen halbrunden Kuppel zu überspannen. Scamozzi jedoch entwarf eine flachere, leicht getreppte Kuppel mit einem Oculus in der Mitte. Sämtliche Räume waren mit mathematischer Präzision proportioniert gemäß Palladios persönlichen Architekturregeln, die er 1570 in seinem Buch *I Quattro Libri dell'Architettura* (*Die vier Bücher über die Baukunst*) veröffentlicht hatte. Der runde Zentralraum mit seinem Kuppeldach ist mit Fresken ausgemalt, die eine kirchenartige Atmosphäre erzeugen.

Weitere wichtige Bauwerke

Villa Cornaro, Andrea Palladio, 1553–1554, Piombino Dese, Italien
Villa Foscari, Andrea Palladio, 1558–1560, Venedig, Italien
Villa Valmarana, Andrea Palladio, 1542, Vicenza, Italien

RENAISSANCE **S. 26** PALLADIANISMUS **S. 28**

ANDREA PALLADIO

Der 1508 im italienischen Padua geborene Andrea Palladio arbeitete zunächst als Steinmetz und studierte dann Architektur. 1549 gewann Palladio einen Wettbewerb zur Umgestaltung eines Palastes der Frührenaissance in Vicenza. Nach diesem großen Erfolg entwarf er in den folgenden 30 Jahren viele weitere Paläste, Kirchen und Villen in Italien und orientierte sich dabei maßgeblich an der antiken römischen Architektur.

→ KUPPEL **S. 172** SÄULE **S. 177** PORTIKUS/PORTAL **S. 186** STEIN **S. 192**
BACKSTEIN **S. 195** GLAS **S. 206** STUCK **S. 205**

Taj Mahal

USTAD AHMAD LAHORI: AGRA, INDIEN

1632 – 1648

Der Mogul-Herrscher Shah Jahan (1592–1666) ließ das Taj Mahal als Mausoleum oder Monument unsterblicher Liebe für seine Lieblingsfrau, Mumtaz Mahal (1593–1631), erbauen.

Der Taj Mahal greift Traditionen der persischen und der Mogul-Architektur auf, ist aber auch von älteren Mausoleen inspiriert, darunter dem Gur-e Amir (1403–1404) in Samarkand und dem Humayun-Mausoleum (1565–1571) in Delhi. Dennoch ist das Bauwerk, dem ein komplizierter Entwurf zugrunde liegt, ziemlich einzigartig. Die große, achteckige zentrale Halle steht auf einem quadratischen Sockel. Über ihr erhebt sich eine gewaltige zwiebelförmige Kuppel mit Kreuzblume, in der sich islamische und hinduistische Motive mischen. Die Hauptkuppel findet ihren Widerhall in kleineren Kuppeln auf separaten, ornamentierten Minaretten; an den Ecken des Gebäudes ragen schlanke, achteckige Fialen in die Höhe, die von steinernen Lotusknospen bekrönt werden.

Der Taj Mahal, der sich über eine Fläche von 170.000 Quadratmetern erstreckt, besteht überwiegend aus weißem Marmor, der mit Einlegearbeiten aus Edel- und Halbedelsteinen verziert ist. In der Mitte jeder Fassade befindet sich ein *iwan* (Bogenportal); um die Kuppel gruppieren sich vier *chhatri* (kleine Pavillons mit einer Kuppel, die von dünnen Säulen getragen wird). Alle Elemente des Bauwerks sind mit eingemeißelten pflanzlichen Motiven und Einlegearbeiten dekoriert. Das gesamte Gebäude spiegelt sich in dem langgezogenen Wasserbecken, das sich von der Nordfassade bis zum Haupteingangstor erstreckt. Dank seiner geometrischen, symmetrischen Gestalt sieht der Taj Mahal von allen Seiten gleich aus, egal von wo man sich ihm nähert.

USTAD AHMAD LAHORI

Die Identität des Architekten des Taj Mahal ist zwar nicht gesichert, doch wahrscheinlich handelt es sich bei dem Hauptplaner um den Perser Ustad Ahmad Lahori (1580–1649). Mit den Bauarbeiten waren rund 22.000 Arbeiter beschäftigt. Um das Gebäude vor möglichen Erdbeben zu schützen, sind seine vier Minarette leicht geneigt. Die Holzfundamente werden von dem Fluss Yamuna stabil und feucht gehalten.

MOGUL-ARCHITEKTUR **S. 27**

Weitere wichtige Bauwerke

Gur-Emir-Mausoleum, unbekannter Architekt, 1403–1404, Samarkand, Usbekistan
Humayun-Mausoleum, Mirak Mirza Ghiyas und Sayyid Muhammad, 1565–1571, Delhi, Indien
Imam-Moschee, Badi' al-Zaman Tuni und Ali Akbar al-Isfahani, 1611–1638, Isfahan, Iran

KUPPEL **S. 172** BOGEN **S. 173** MINARETT **S. 185** PORTIKUS/PORTAL **S. 186** STEIN **S. 192**
BACKSTEIN **S. 195** HOLZ **S. 196** MARMOR **S. 200** STUCK **S. 205**

Rinshunkaku

YOKOHAMA, JAPAN

1649

Weitere wichtige Bauwerke

Katsura-Villa, unbekannter Architekt, 17. Jahrhundert, Kyoto, Japan

Kamiyashiki des Matsudaira Tadamasa, unbekannter Architekt, 17. Jahrhundert, Tokio, Japan

Shugakuin-Villa, unbekannter Architekt, 1659, Kyoto, Japan

Die in der frühen Edo-Zeit (1603–1867) erbaute Villa war die Sommerresidenz von Tokugawa Yorinobu, dem ersten Feudalherrn des Kishu-Tokugawa-Clans.

Ursprünglich stand das Gebäude in Iwade, Wakayama, am Fluss Kinokawa, doch 1915 wurde es in die Sankei-en-Gärten in Yokohama versetzt und Rinshunkaku genannt. Es ist im Stil der Sukiya-Architektur erbaut, der sich Ende des 16. Jahrhunderts entwickelte und bis zum 19. Jahrhundert fortbestand. Er wurde zunächst auf Teehäuser, später auch auf Privathäuser angewendet. Rinshunkaku ist in drei Abschnitte unterteilt: zwei einstöckige Gebäude mit Fußwalmdächern, die mit Zypressenrinde gedeckt sind und einen zweistöckigen Bau mit rechteckigem Walmdach – ebenfalls mit Zypressenrinde gedeckt – und einem niedrigeren Schindeldach.

JAPANISCHE ARCHITEKTUR **S. 18**

SUKIYA-ARCHITEKTUR

In der Azuchi-Momoyama- (1574–1600) und der Tokugawa- oder Edo-Zeit (1603–1867) entwickelte sich ein Architekturstil, der als Sukiya-Stil bekannt wurde und auf der Teehaus-Ästhetik gründet. Die Bauwerke sollten so natürlich wie möglich wirken und sich ruhig in ihre Umgebung einfügen. Die meisten Bauten in diesem Stil waren innen mit *fusumas* und außen mit *tsukimidai* (einer Terrasse zum Betrachten des Mondes) ausgestattet.

Die Anlage sollte sich harmonisch in ihre Umgebung einfügen und durch die Verwendung weitestgehend naturbelassenen Holzes möglichst einfach wirken. Innerhalb der drei Gebäude gibt es zwölf Räume, darunter den *hikaeno-ma* (Empfangsraum für Besucher); den *sekken-no-ma* (dort begrüßte der Feudalherr Besucher) und die *okugata* (Privaträume des Feudalherrn und seiner Familie). Die *fusuma* (Schiebetüren in den Innenräumen) sind von berühmten Künstlern der Kano-Schule aus dem 17. Jahrhundert mit Tuschmalereien verziert. Die Querbalken über den Türen wurden im ersten Gebäude mit geschnitzten Wellen dekoriert, im zweiten findet man dort auf Papier geschriebene Gedichte und im dritten Holzblasinstrumente.

FENSTER **S. 167** DACH **S. 168** PORTIKUS/PORTAL **S. 186** HOLZ **S. 196** PAPIER **S. 197**

Schloss Versailles

LOUIS LE VAU • JULES HARDOUIN-MANSART: PARIS, FRANKREICH

CA. 1660 – 1715

Das Schloss Versailles wurde von zwei berühmten französischen Architekten für Ludwig XIV. (1638–1715) entworfen. Es ist ein herausragendes Beispiel der französischen Barockarchitektur.

Louis Le Vau (1612–1670) und Jules Hardouin-Mansart (1646–1708) spielten beim Um- und Ausbau des ehemaligen Jagdschlosses eine federführende Rolle. Es besteht aus einem Hauptgebäude und zwei großen Seitenflügeln, die einen Innenhof umschließen. Hier residierte von 1682 bis zur Französischen Revolution im Jahr 1789 der französische König mit seinem gesamten Hofstaat. Le Vau entwarf das Hauptgebäude, das Hardouin-Mansart 1678 um den Nord- und Südflügel sowie mehrere Prunkgemächer erweiterte. Besonders aufwendig gestaltet ist die Spiegelgalerie mit ihren 17 hohen Fenstern, denen an der Innenwand 17 ebensogroße Spiegel gegenüberstehen, ihren Marmorpilastern mit vergoldeten Kapitellen und der ornamen-

LOUIS LE VAU UND JULES HARDOUIN-MANSART

Der wegen seiner innovativen Entwürfe gefragte Louis Le Vau wurde 1654 zum ersten Architekten des Königs berufen. Zu seinen Projekten zählten das Schloss Vincennes und das Krankenhaus La Salpêtrière. Ende des 17. Jahrhunderts war Jules Hardouin-Mansart der erfolgreichste Architekt Frankreichs. Sein Werk übte großen Einfluss auf die Barockarchitektur weltweit aus.

rechts: Das Jagdschloss, das ursprünglich auf dem Gelände von Versailles stand, wurde zu einem dreigeschossigen Palast mit flachem Dach und Seitenflügeln umgebaut. Der schwarzweiße Innenhof gab diesem Teil des Schlosses seinen Namen: Marmorhof.

BAROCK **S. 29** ROKOKO **S. 30**

Weitere wichtige Bauwerke

Invalidendom, Jules Hardouin-Mansart, 1706, Paris, Frankreich

Palais du Luxembourg, Salomon de Brosse, 1615–1620, Paris, Frankreich

Schloss Vaux-le-Vicomte, Louis Le Vau und André Le Nôtre, 1656–1661, Maincy, Frankreich

tierten, bemalten Decke. Eindrucksvoll sind zudem der Marmorhof mit seinen Vergoldungen, Pilastern, Zwillingssäulen und kunstvollen Skulpturen; die zweigeschossige Schlosskapelle mit Gewölbedecke und Apsis sowie Pilastern mit korinthischen Kapitellen; und die von Ange-Jacques Gabriel (1698–1782) entworfene Königliche Oper, in der bis zu 1.200 Besucher Platz finden und die eines der frühesten Beispiele dessen ist, was später als Louis-seize-Stil bekannt werden sollte.

Das Schloss, das auf einem weitläufigen Gelände erbaut wurde, und insbesondere seine aufwendige Innengestaltung gaben der Architektur und dem Design weltweit neuen Schwung. Für die Innenausstattung, also die Einrichtung, die Polstermöbel und die Fresken, zeichnen zahlreiche Designer und Künstler verantwortlich, darunter Charles Le Brun (1619–1690), François Lemoyne (1688–1737) und Juste-Aurèle Meissonier (1695–1750). André Le Nôtre (1613–1700) entwarf die Gärten.

oben: Neben vielfarbigem Marmor, üppigen Wandteppichen und großen Glasflächen finden sich in Versailles vergoldete Ornamente auf hunderten Tür- und Fensterrahmen sowie Gesimse und ornamentale Steinmetzarbeiten. Diese Extravaganz wurde zum Sinnbild für die Dekadenz und den Absolutismus der Monarchie.

rechts: Jede Fassade von Schloss Versailles ist anders gestaltet, und jede enthält zahlreiche Türen und französische Fenster, um den bis zu 3.000-köpfigen Hofstaat beherbergen zu können. Das Mauerwerk ist durch dekorative Horizontalbänder gegliedert.

FENSTER **S. 167** SCHORNSTEIN **S. 169** BOGEN **S. 173** INNENHOF **S. 175** SÄULE **S. 177**
BACKSTEIN **S. 195** MARMOR **S. 200** STUCK **S. 205** GLAS **S. 206**

Saint Paul's Cathedral

CHRISTOPHER WREN: LONDON, GROẞBRITANNIEN

1675 – 1708

Nach dem Großen Brand von London wurde Christopher Wren (1632–1723) beauftragt, mehr als 50 neue Kirchen zu entwerfen, darunter eine neue Kathedrale als Ersatz für die bei dem Brand zerstörte Old Saint Paul's.

Wrens Pläne wurden 1675 abgesegnet, doch mit dem – modifizierten – Bau wurde erst mehrere Jahre später richtig begonnen. Die neue Saint Paul's Cathedral, die von Michelangelos Entwürfen für den Petersdom in Rom (siehe Seite 90) inspiriert ist, besaß eine 111 Meter hohe Kuppel, die sie bis 1967 zum höchsten Gebäude Londons machte. Diese hochaufragende Barockkuppel besteht aus drei Schalen: einer inneren Schale, einem verdeckten konischen Backsteinaufbau und einer Außenschale. Sie ruht auf Pendentifs zwischen acht Bögen, die sich über das Mittelschiff, den Chor, die Querschiffe und die Seitenschiffe spannen. Um den Tambour unter der Kuppel zieht sich ein ringförmiger Laufgang; die Wand darüber ist im Sinne des Peristyls durch einen Wechsel von Fenstern und Pilastern gegliedert. Diese gleichermaßen praktische wie dekorative Gestaltung stützt die innere und die äußere Kuppel. Seitlich des Kuppelbereichs erstrecken sich breite Querschiffe mit halbrunden Portiken.

An der Westfassade findet sich ein klassischer Portikus mit Säulenpaaren auf beiden Geschossen. Die Zwillingsglockentürme ragen fast 65 Meter in die Höhe. Die Gesamtgestaltung greift Elemente der Gotik, der Renaissance und klassischer Stile auf, wird aber vor allem von einem zurückhaltenden Barock beherrscht, der sich bei Architektur-Ideen von Inigo Jones (1573–1652) in England und Jules Hardouin-Mansart in Frankreich bedient.

CHRISTOPHER WREN

Christopher Wren war ein britischer Architekt und Astronom sowie Gründer (und Präsident) der Royal Society. Im Alter von 30 Jahren begann er sich der Architektur zuzuwenden und wenngleich sein Plan, die Stadt London nach dem Großen Brand von 1666 neu aufzubauen, nie umgesetzt wurde, entwarf er doch viele neue Gebäude in der Stadt und darüber hinaus, darunter das Royal Naval College in Greenwich und zahlreiche Pfarrkirchen.

BAROCK **S. 29**

Weitere wichtige Bauwerke

Radcliffe Camera, James Gibbs, 1737–1749, Oxford, Großbritannien
Saint Mary-Le-Bow, Christopher Wren, 1670–1673, London, Großbritannien
Saint Martin, Ludgate, Christopher Wren, 1677–1684, London, Großbritannien

FENSTER **S. 167** KUPPEL **S. 172** BOGEN **S. 173** SÄULE **S. 177** BACKSTEIN **S. 195** MARMOR **S. 200** STUCK **S. 205** GLAS **S. 206**

Wieskirche

DOMINIKUS ZIMMERMANN • JOHANN BAPTIST ZIMMERMANN:
BAYERN, DEUTSCHLAND

1745 – 1754

Weitere wichtige Bauwerke

Klosterkirche, Egid Quirin Asam und Cosmas Damian Asam, 1724, Kelheim, Deutschland

Stiftskirche Rottenbuch, Joseph Schmuzer und Franz Xaver Schmuzer, 1747, Rottenbuch, Deutschland

St.-Johann-Nepomuk-Kirche, Egid Quirin Asam und Cosmas Damian Asam, 1750, München, Deutschland

BAROCK **S. 29** ROKOKO **S. 30**

Die Wieskirche im bayerischen Steingaden wurde 1738 als Wallfahrtskirche errichtet, nachdem eine Bäuerin an dieser Stelle beobachtet hatte, wie eine hölzerne Christusstatue „echte" Tränen vergoss.

Der große Besucherandrang erforderte eine große neue Kirche. Sie sollte eindrucksvoll sein, aber nicht zu pompös aus ihrer ländlichen Umgebung hervorstechen. Das Ergebnis war eine Mischung aus Rokoko und Barock. Die Gebrüder Dominikus (1685–1766) und Johann Baptist Zimmermann (1680–1758), ortsansässige Architekten und Künstler, entwarfen eine Kirche mit ovalem Grundriss und schmuckloser, geradliniger Außengestaltung. Im Innern jedoch ist das Gebäude hell und luftig. Acht Pfeiler tragen das große Gebälk und das Gewölbe mit dem kunstvoll geschwungenen, teilweise vergoldeten Stuck und den zartfarbigen Fresken. Der langgestreckte Chor am östlichen Ende wird von einer oberen und einer unteren Galerie eingefasst.

Der zuständige Dominikus sorgte dafür, dass alle Aspekte im Einklang standen: dass zum Beispiel die Trompe-l'œil-Malereien an der Gewölbedecke einen schillernd-blauen Himmel mit fliegenden Engeln abbilden und so zu einem erhebenden, überschwänglichen Gefühl beitrugen. Im Chorraum dominieren die Farben Gold, Blau und Rot: Gold symbolisiert den Himmel, Blau steht für Gottes Gnade und Rot verweist auf das Blut Christi. Farbige Marmorsäulen stehen vor hohen Fenstern, durch die Tageslicht hereinströmt, und auch durch andere, geschickt versteckte Öffnungen wird die Kirche erhellt.

DOMINIKUS UND JOHANN BAPTIST ZIMMERMANN

Die gemeinsam tätigen Brüder Dominikus und Johann Baptist Zimmermann stammten aus einer Familie von Künstlern und Kunsthandwerkern. Dominikus arbeitete zunächst als Stuckateur, später dann als Baumeister und Architekt. Sein älterer Bruder Johann Baptist war Hofstuckateur, Freskenmaler und Architekt. Zusammen entwarfen sie nahezu alle Aspekte der Konstruktion und Dekoration ihrer Werke, vornehmlich Kirchen, und setzten sie auch um.

FENSTER **S. 167** DACH **S. 168** SÄULE **S. 177** GESIMS **S. 181** KIRCHENSCHIFF **S. 182**
GEWÖLBE **S. 183** PORTIKUS/PORTAL **S. 186** BACKSTEIN **S. 195** MARMOR **S. 200** STUCK **S. 205**

Hancock Shaker Village

MASSACHUSETTS, USA

1791 – 1961

Die im 18. Jahrhundert gegründete Glaubensgemeinschaft „United Society of Believers in Christ's Second Appearing", die ihrer ungewöhnlichen Tänze wegen als Shaker bekannt wurde, erbaute in Nordamerika Dörfer für ihre Gemeinschaften.

Hancock war das dritte von 19 Dörfern, die zwischen 1783 und 1836 in den Vereinigten Staaten entstanden. Zu seiner Blütezeit lebten in Hancock mehr als 300 Shaker. Die Familienwohnhäuser wurden im Dorfzentrum nach einem linearen Plan angelegt, als Grundlage der eng verbundenen Gemeinschaft. Diese Häuser verfügten über Gemeinschaftsräume im Erdgeschoss, separate Eingänge und Treppen für Männer und Frauen sowie getrennte Schlafräume im darüber liegenden Stockwerk. Zu den weiteren Gebäuden im Dorf gehörten das Meeting House (1793) und die Round Stone Barn (1826). Alle waren groß und geräumig, bewusst schmucklos gehalten und im Allgemeinen aus Holz, Granit, Marmor und anderem Stein erbaut.

Shaker-Architekten war es verboten, dekorative „Leisten, Gesimse und Brüstungen" zu verwenden; Elemente wie Türen und Fensterrahmen, Stürze und Schornsteine wurden mit klaren, einfachen Linien gestaltet. Die religiösen Vorschriften verlangten, dass alle Gemeindehäuser „außen weiß und innen mit einem bläulichen Schimmer gestrichen" werden sollten. Hancocks ursprüngliches Gemeindehaus wurde 1786 mit einem großen, offenen Raum für rituelle Tänze erbaut. Später erweiterte man es und versah es mit einem Satteldach, bevor es 1938 zerstört wurde. Die riesige, einzigartige Scheune, Round Stone Barn, unterstreicht die Bedeutung der Landwirtschaft für die Gemeinde.

SHAKER-ARCHITEKTUR

Die Shaker lebten in Gemeinschaften und errichteten Siedlungen, in denen ihre Mitglieder zusammen leben, arbeiten und ihren Glauben ausüben konnten. Shaker-Ingenieure ebneten Hänge ein, leiteten Flüsse um und bauten große Wohnhäuser, Amtsgebäude, Scheunen und Gemeindehäuser. Zu den architektonischen Merkmalen dieser Gebäude zählten Innenfenster, die das Tageslicht durch die Räume leiteten, sowie doppelte Eingänge und Treppen für die Geschlechtertrennung. Die schlichten Bauten entziehen sich jeder Mode.

SHAKER-ARCHITEKTUR **S. 33**

Weitere wichtige Bauwerke

Alfred Shaker Village, unbekannte Architekten, 1793–1931, Maine, USA

Canterbury Shaker Village, unbekannte Architekten, 1792–1992, New Hampshire, USA

Enfield Shaker Village, unbekannte Architekten, 1792–1917, Connecticut, USA

FENSTER **S. 167** TREPPE **S. 176** GIEBEL **S. 179** STEIN **S. 192** BACKSTEIN **S. 195** HOLZ **S. 196**

Kapitol

WILLIAM THORNTON • THOMAS USTICK WALTER:
WASHINGTON, DC, USA

1793
–
1863

Weitere wichtige Bauwerke
Weißes Haus, James Hoban, 1792–1829, Washington, DC, USA
Virginia State Capitol, Thomas Jefferson, 1788, Richmond, USA
University of Virginia, Thomas Jefferson, 1822–1826, Charlottesville, USA

Im Juli 1790 erließ der Kongress der Vereinigten Staaten, der im März 1789 offiziell seine Arbeit aufgenommen hatte, ein Gesetz, das es ermöglichte, eine ständige Hauptstadt festzulegen. Als Ort dafür hatte Präsident George Washington (1732–1799) ein Stück Land am Potomac River ausgewählt.

Mit der Planung der neuen Stadt beauftragte Washington den französischen Ingenieur Pierre Charles L'Enfant (1754–1825). In der Annahme, er würde auch mit den wichtigsten Gebäuden beauftragt werden, entwarf L'Enfant einen opulenten Plan, doch bereits 1792 wurde er wieder abberufen. Der damalige Außenminister Thomas Jefferson (1743–1826) war der Meinung, dass eine Architektur im klassischen, griechisch-römischen Stil die Ideale der neuen Republik am besten zum Ausdruck bringen würde. Noch im selben Jahr schrieb er einen Wettbewerb für die Gestaltung des Kapitols aus. Der Amateurarchitekt und Physiker William Thornton (1759–1828) machte das Rennen mit einem klassizistischen Entwurf mit zentraler Rotunde. Der Entwurf wurde später aus mehreren Gründen von den britisch-amerikanischen Architekten Benjamin Henry Latrobe (1764–1820) und Charles Bulfinch (1763–1844) verändert.

In den 1850er Jahren erweiterte Thomas Ustick Walter (1804–1887), ein Architekt aus Pennsylvania, den Bau zu beiden Seiten der Rotunde um einen Flügel im Norden (Senat) und im Süden (Repräsentantenhaus). Der deutsch-amerikanische Architekt August Schönborn (1827–1902) entwarf eine größere Kuppel. Mit ihren 29 Metern Durchmesser reicht die Rotunde bis zum oberen Ende der Wände 15 Meter in die Höhe und 54,9 Meter bis zum Scheitelpunkt der Kuppel. Diese besteht aus Innen- und Außenschalen mit einem Oculus in der Mitte.

KLASSIZISMUS **S. 31**

THOMAS USTICK WALTER

Der vierte Kapitol-Architekt, Thomas Ustick Walter, war für die Erweitung um den Nord- und Südflügel verantwortlich sowie für die Ergänzung der zentralen, gusseisernen Kuppel. Durch seinen Plan verdoppelte sich die Größe des existierenden Gebäudes. Die fertige Kuppel umfasst 108 Fenster und wiegt 4.080 Tonnen.

→ DACH **S. 168** KUPPEL **S. 172** SÄULE **S. 177** PORTIKUS/PORTAL **S. 186** STEIN **S. 192** BACKSTEIN **S. 195** STUCK **S. 205** GLAS **S. 206**

Palace of Westminster

CHARLES BARRY • AUGUSTUS PUGIN: LONDON, GROẞBRITANNIEN

1840 – 1870

Nachdem der ursprüngliche Palace of Westminster 1834 durch einen Brand zerstört worden war, gab es einen Wettbewerb für die Gestaltung eines Nachfolgebaus.

Den Auftrag erhielt der erfahrene Architekt Charles Barry (1795–1860), der von Augustus Pugin (1812–1852) unterstützt wurde. Das riesige Bauwerk, das von englischen Kirchen des 15. Jahrhunderts beeinflusst ist, zeigt zum Fluss hin eine lange, horizontale Fassade mit gleichförmigen Fenstern, die von vertikalen Fialen, Türmchen und drei großen Türmen beherrscht wird. Der Victoria Tower, der größte und breiteste Turm, erhebt sich über dem Sovereign's Entrance, dem Eingang des Monarchen. Er wird von einem Eisenskelett getragen, das sich hinter einer üppig dekorierten Steinfassade mit hohen Fenstern und Nischenstatuen unter ornamentierten Steinbaldachinen versteckt. Über der zentralen Eingangshalle wurde der achteckige Central Tower erbaut, über den das Gebäude belüftet werden sollte. Mit seinem Turmhelm bildet er einen optischen Kontrast zu den anderen beiden Türmen. Der Elizabeth Tower, besser bekannt als Big Ben, beherbergt die große Uhr. Die vier Ziffernblätter wurden von Pugin gestaltet, der auch die vielen Fialen, Kreuzblumen und Türmchen entwarf, die auf dem Gebäude emporragen und die sich durch Kielbögen (Bögen mit S-Schwung) und in Stein gehauene Krabben (geschwungene, blattähnliche Dekorationen) auszeichnen.

Im Innern des Palastes sind in einer geraden Reihe die wichtigsten Räume angeordnet, darunter das Lords Chamber und das Commons Chamber, deren jeweilige Lobby sowie die Central Lobby. Über den Flur gelangt man zu den Sitzungszimmern für die parlamentarischen Ausschüsse. Die Neubelebung gotischer Elemente beeinflusste die Gestaltung vieler nachfolgender öffentlicher Gebäude.

CHARLES BARRY UND AUGUSTUS PUGIN

Der produktive Architekt Charles Barry reiste viel und ließ sich von architektonischen Einflüssen aus Ländern wie Frankreich, Italien, Israel und Syrien inspirieren. Besonders zugeneigt war er dem Klassizismus und der Gotik. Dem tiefgläubigen Katholiken Pugin war der gotische Stil besonders nahe. Zudem war er vom Mittelalter fasziniert. Er übte großen Einfluss auf die Arts-and-Craft-Bewegung aus.

NEUGOTIK **S. 32**

Weitere wichtige Bauwerke

Highclere Castle, Charles Barry, 1839–1842, Berkshire, Großbritannien

Dunrobin Castle, Charles Barry, 1835–1850, Sutherland, Großbritannien

Kathedrale von Nottingham, Augustus Pugin, 1841–1844, Nottinghamshire, Großbritannien

FENSTER **S. 167** DACH **S. 168** TURM **S. 174** GEWÖLBE **S. 183** TURMHELM **S. 184** STEIN **S. 192** GLAS **S. 206** EISEN **S. 208**

Red House

PHILIP WEBB • WILLIAM MORRIS: KENT, GROẞBRITANNIEN

1859 – 1860

Das Red House, das nach einem gemeinsamen Entwurf von Philip Webb (1831–1915), dem „Vater der Arts and Crafts-Architektur", und dem Designer William Morris (1834–1896) entstand, veranschaulicht das Ethos dieser Bewegung.

Morris wollte für sich und seine neue Frau Jane Morris (1839–1914) ein Landhaus bauen, das in erreichbarer Nähe der Londoner Innenstadt lag. Er bat seinen Freund Webb, ihm bei der Gestaltung und Konstruktion des Hauses zu helfen. Das Red House, dessen Architektur von einer Vorliebe für das Mittelalter, den neugotischen Stil und eigenen Vorstellungen von Handwerkskunst geprägt ist, war eines der ersten Beispiele für die Arts and Crafts-Architektur. Das rote Backsteingebäude mit dem ungewöhnlichen, L-förmigen Grundriss, hat zwei Stockwerke und ein steil aufragendes, mit roten Ziegeln gedecktes Dach. Diele, Esszimmer, Bibliothek, Frühstückszimmer und Küche liegen im Erdgeschoss. Aufenthaltsräume, Zeichenzimmer, Atelier und Schlafzimmer im ersten Stock.

Die Zimmer der Dienerschaft waren größer und heller als in den meisten Gebäuden jener Zeit, denn Webb und Morris hatten klare Ansichten über die Lebensbedingungen der Arbeiterklasse. Die Platzierung der Fenster richtete sich eher nach der Gestalt der Räume als nach einer Außensymmetrie. Es gab deshalb verschiedene Fenstertypen, darunter Schiebefenster und Rundfenster, hohe Fensterflügel und Gaubenfenster mit Walmdach. Die Außenarchitektur war bar jeder Ornamentik. Dafür entwarfen und schufen Morris und seine Freunde im Innern des Hauses fast alles selbst, vom Mobiliar bis zu den Fliesen, von den Kerzenhaltern bis zum Geschirr. Webb und Edward Burne-Jones (1833–98) gestalteten sogar Buntglasfenster.

Weitere wichtige Bauwerke

Wightwick Manor, Edward Ould, 1887–1893, Wolverhampton, Großbritannien

Derwent House, Ernest Newton 1899, Bromley, Großbritannien

Standen, Philip Webb, 1892–1894, West Sussex, Großbritannien

ARTS AND CRAFTS **S. 35**

WILLIAM MORRIS UND PHILIP WEBB

Der Architekt, Kunstgewerbler, Dichter, Übersetzer und Sozialaktivist William Morris war einer der einflussreichsten Vertreter der Arts and Crafts-Bewegung. Der ausgebildete Architekt hatte eine Vorliebe für das Mittelalter. Um das Kunsthandwerk neu zu beleben, gründete er die Firma Morris & Co. Nach dem Red House gestaltete Philip Webb weitere von der Arts and Crafts-Architektur inspirierte Gebäude.

FENSTER **S. 167** DACH **S. 168** SCHORNSTEIN **S. 169** TREPPE **S. 176** GIEBEL **S. 179**
STEIN **S. 192** BACKSTEIN **S. 195** GLAS **S. 206** BUNTGLAS **S. 207**

Schloss Neuschwanstein

EDUARD RIEDEL • GEORG VON DOLLMANN: BAYERN, DEUTSCHLAND

1869 – 1892

Weitere wichtige Bauwerke

Schloss Hohenzollern, Friedrich August Stüler, 1850–1867, Baden-Württemberg, Deutschland

Schloss Schwerin, Gottfried Semper, Friedrich August Stüler, Georg Adolph Demmler und Ernst Friedrich Zwirner, 1845–1857, Mecklenburg-Vorpommern, Deutschland

Schloss Hohenschwangau, Domenico Quaglio der Jüngere, 1833–1837, Schwangau, Deutschland

Das hoch auf einem Felsen gelegene Schloss Neuschwanstein wurde von König Ludwig II. (1845–1886) in Auftrag gegeben – vorher standen hier zwei kleinere Burgen –, doch als der im Alter von 41 Jahren starb, war erst ein Drittel fertiggestellt.

Nach Ludwigs Tod wurde das unvollendete Schloss mit seinen Fialen, Türmchen und verschieden hohen Dächern für die Öffentlichkeit als Museum geöffnet. Vereinfachte Versionen der Kemenate und des Vierecksturms wurden sechs Jahre später fertiggestellt, und nur 15 Räume wurden je vollendet. Die aus Backstein errichtete, mit Kalkstein verkleidete Festung entstand zu einer Zeit, als man keine Bollwerke mehr brauchte. Sie spiegelt Ludwigs Vorliebe für die mittelalterliche Mythologie. Die Gestaltung orientierte sich maßgeblich an zwei älteren Burgen, der Wartburg bei Eisenach und dem Schloss Pierrefonds nördlich von Paris.

Neuschwanstein trägt viele Merkmale mittelalterlicher Burgen, etwa hohe Türme, Turmhelme, Wehrgänge, Pechnasen und einen ummauerten Innenhof, ist aber zugleich mit der modernsten Technik des 19. Jahrhunderts ausgestattet: fließendem Wasser, Toiletten mit Wasserspülung, einer Heißluft-Zentralheizung und Telefonleitungen. Der zweigeschossige Thronsaal mit seinen Säulen aus imitiertem Porphyr und Stuck-Lapislazuli, den Einlegearbeiten und der Gewölbedecke, folgt dem Vorbild der Hagia Sophia in Istanbul (siehe Seite 62). Ganz allgemein jedoch orientiert sich das Schloss stilistisch an der Neuromanik, die im Deutschland jener Zeit besonders populär war. Sichtbar wird dies in den Rundbögen und Tonnengewölben sowie den dicken massiven Wänden.

EDUARD RIEDEL UND GEORG VON DOLLMANN

Eduard Riedel (1813–1885) studierte zunächst im nordbayerischen Bayreuth Architektur und machte seinen Abschluss 1834 in München. Der bei angesehenen Auftraggebern äußerst gefragte Riedel avancierte zum führenden Hofarchitekten. Georg von Dollmann (1830–1895) studierte ebenfalls Architektur in München. 1868 begann er für König Ludwig II. zu arbeiten. 1874 übernahm er von Riedel die Leitung des Baus von Schloss Neuschwanstein.

DACH **S. 168** TURM **S. 174** INNENHOF **S. 175** SÄULE **S. 177** GESIMS **S. 181**
TURMHELM **S. 184** STEIN **S. 192** BACKSTEIN **S. 195** GLAS **S. 206**

Sagrada Família

ANTONI GAUDÍ: BARCELONA, SPANIEN

1881 –

ANTONI GAUDÍ

Der tiefgläubige Katholik und geschickte Architekt und Handwerker Gaudí wurde 1884 mit dem Bau der Basilica i Temple Expiatori de la Sagrada Família in Barcelona beauftragt. Obwohl er dem Gebäude eine mathematische Struktur zugrunde legte, zeichnete er nur wenige Pläne und arbeitete vorwiegend mit Modellen sowie eigenen improvisierten, häufig exzentrischen Ideen.

Für die Basilika Sagrada Família (Heilige Familie) in Barcelona schuf Antoni Gaudí (1852–1926) hoch aufragende Fialen, ausdrucksstarke Skulpturen und dramatische Fassaden.

In Katalonien verschmolz die Neugotik Ende des 19. Jahrhunderts mit der maurischen Architektur zu einem Stil namens Modernisme. Gaudí mischte diese Elemente mit seinen eigenen ungewöhnlichen Ideen, Einflüssen aus dem spanischen Landdschaftsbild sowie Anleihen aus der indischen, persischen, chinesischen, ägyptischen und japanischen Kunst. Der Verleger und Buchhändler José María Bocabella (1815–1892) regte den Bau der Sagrada Família an, nachdem er den Petersdom in Rom gesehen hatte.

1884 wurde Gaudí zum leitenden Architekten ernannt. Sein Entwurf einer gigantischen Kathedrale aus Stein und Glas war eine Lobpreisung der Mysterien des katholischen Glaubens. Doch als er 43 Jahre später starb, war der Bau erst zu einem Viertel fertig. Gaudí schuf viele von der Natur inspirierte Formen. In seiner Gesamtheit soll das kollossale Bauwerk aber Aspekte der Bibel abbilden.

Das Gebäude ist zwar auf dem Grundriss eines lateinischen Kreuzes errichtet, entspricht aber ansonsten kaum den traditionellen Vorstellungen. Die drei monumentalen Fassaden bilden die entscheidenden Ereignisse im Leben Christi ab: Die Geburt, den Leidensweg und die Kreuzigung sowie die Wiederauferstehung. Jede von ihnen besitzt vier hohe, mit Mosaiken und Glas dekorierte Türme, in denen Glocken hängen. Die Statuen der heiligen Figuren wurden alle nach dem Vorbild gewöhnlicher Bürger Barcelonas gestaltet; die Türme stehen für die Evangelisten und die Apostel. Vielfarbige Mosaike und „Bommel"-Enden auf einigen Fialen symbolisieren Mitra, Ring und Stab katholischer Bischöfe.

Weitere wichtige Bauwerke

Casa Batlló, Antoni Gaudí, 1904–1906, Barcelona, Spanien
Casa Milà, Antoni Gaudí, 1906–1912, Barcelona, Spanien
Park Güell, Antoni Gaudí, 1900–1914, Barcelona, Spanien

NEUGOTIK **S. 32** JUGENDSTIL **S. 36**

DACH **S. 168** BOGEN **S. 173** TURM **S. 174** KIRCHENSCHIFF **S. 182** GEWÖLBE **S. 183**
TURMHELM **S. 184** PORTIKUS/PORTAL **S. 186** STEIN **S. 192** BUNTGLAS **S. 207**

Wainwright Building

LOUIS SULLIVAN • DANKMAR ADLER: ST. LOUIS, USA

1891

Weitere wichtige Bauwerke

Auditorium Building,
Adler & Sullivan, 1889,
Chicago, USA

Reliance Building,
Daniel Burnham, John Root
und Charles Atwood, 1890–1895,
Chicago, USA

Carson, Pirie, Scott and Company
Building, Louis Sullivan, 1899,
Chicago, USA

Das nach einem Entwurf von Louis Sullivan (1856–1924) und Dankmar Adler (1844–1900) errichtete Wainwright Building ist einer der ersten Wolkenkratzer der Welt.

Das Wainwright Building ist benannt nach dem ortsansässigen Geldgeber Ellis Wainwright (1850–1924), der für die Leitung der St. Louis Brewers Association Büroräume benötigte. Das Gebäude orientiert sich an der Dreigliederung einer klassischen Säule: Basis, Schaft und Kapitell. Es nutzt moderne Konstruktionstechniken, wird von einem Stahlskelett getragen, und die Fassade ist mit Terrakotta-Ziegeln verkleidet. Im Erdgeschoss waren Geschäfte untergebracht, mit großen Glasscheiben zur Straße; in den sieben Hauptstockwerken lagen leicht zugängliche Büroräume; und ganz oben befanden sich die Wassertanks und die Maschinenanlage. Sämtliche Fenster springen hinter die Pilaster zurück, was die Vertikalität betont. Die Reliefplatten auf allen Etagen sind dekorativ mit Blätterwerk verziert. Um das oberste Geschoss zieht sich ein Fries mit gewundenem Blattwerk, das die darin eingelassenen Rundfenster rahmt.

Sullivan schrieb: „[Der Wolkenkratzer] muss hoch sein, alles an ihm muss hoch sein. Er muss die Kraft und Energie der Höhe in sich tragen und den Ruhm und Stolz des Hochgefühls. Alles muss stolz emporstreben, in reinem Hochgefühl darüber, dass es von unten bis oben eine Einheit bildet, ohne eine einzige abweichende Linie.“ Trotz der Gliederung gemäß der klassischen Säulenordnung war das Gebäude bewusst modern gestaltet und die Konstruktion spiegelte sich in seiner einfachen geometrischen Form und seiner organischen Ornamentik wider.

LOUIS SULLIVAN UND DANKMAR ADLER

Louis Sullivan, der vielen als „Vater der Wolkenkratzer“ und „Vater der Moderne” gilt, war außerdem Mentor von Frank Lloyd Wright. Der deutschstämmige amerikanische Architekt und Ingenieur Dankmar Adler wurde durch seine Zusammenarbeit mit Sullivan in ihrer Firma Adler & Sullivan bekannt, die sich mit ihren innovativen, funktional-modernen Gebäuden einen Namen machte.

CHICAGOER SCHULE **S. 34**

FENSTER **S. 167** DACH **S. 168** TURM **S. 174** TREPPE **S. 176** SÄULE **S. 177** STEIN **S. 192** GLAS **S. 206**

U-Bahn-Station Karlsplatz

OTTO WAGNER: WIEN, ÖSTERREICH

1899

In der zweiten Hälfte des 19. Jahrhunderts wuchs Wien in Größe, Ansehen und Einwohnerzahl und wurde zur Welthauptstadt der Musik, Kunst, Architektur und Philosophie.

1894 erhielt Otto Wagner (1841–1918) den prestigeträchtigen Auftrag, die Hochbauten und Brücken der neuen Wiener Stadtbahn zu gestalten, mit der man auf die Bedürfnisse der aufstrebenden Metropole reagieren wollte. Im selben Jahr wurde Wagner zum Leiter der Architekturklasse an der Akademie der bildenden Künste in Wien berufen. Innerhalb von sieben Jahren hatte er sämtliche Stadtbahn-Gebäude entworfen und gebaut. 1899 wurde sein Entwurf für den Eingang zur U-Bahn-Station Karlsplatz als Teil dieses ehrgeizigen Programms ausgeführt.

Die Architektur des teils überirdisch, teils unterirdisch gelegenen Baus war formal und zurückgenommen, greift aber dennoch den geschwungenen, organischen Jugendstil jener Zeit auf. Zwei Pavillons stehen einander zu beiden Seiten der Gleise gegenüber. Unter einem bogenförmigen Metallrahmendach bilden stilisierte Blumen und geometrische Motive einen dekorativen Fries. In das Stahlrahmenwerk eingepasste Marmorplatten bilden die Außenwände. Die Farbpalette aus zartem Grün, Gold und Weiß nutzte Wagner für sämtliche Stadtbahn-Bauten. Die U-Bahn-Station Karlsplatz mit ihrem Fokus auf Symmetrie und Einfachheit war für ihre Zeit revolutionär. Wagner erreichte damit sein Ziel, Wien nachhaltig zu prägen. Er folgte den künstlerischen Grundsätzen der Wiener Secession, die zwei Jahre zuvor gegründet worden war und in der Wagner großen Einfluss ausübte.

JUGENDSTIL **S. 36**

Weitere wichtige Bauwerke

Gebäude der Wiener Secession, Joseph Maria Olbrich, 1897, Wien, Österreich

Hôtel Tassel, Victor Horta, 1893–1894, Brüssel, Belgien

Prager Gemeindehaus, Osvald Polívka und Antonín Balšánek, 1912, Prag, Tschechien

OTTO WAGNER

Otto Wagner, ein bedeutender Wiener Architekt und Mitglied der Wiener Secession, leitete von 1894 bis 1913 Leiter die Architekturklasse an der Akademie der bildenden Künste in Wien. Der einfallsreiche Architekt trug dazu bei, der Stadt Wien ein modernes Gesicht zu geben, indem er Gebäude schuf, in denen sich stilisierte Ornamentik und funktionale Zwänge verbinden.

FENSTER **S. 167** DACH **S. 168** BOGEN **S. 173** TREPPE **S. 176** SÄULE **S. 177**
MARMOR **S. 200** GLAS **S. 206** EISEN **S. 208**

Große Moschee von Djenné

UNBEKANNT, WIEDERAUFBAU DURCH ISMAILA TRAORÉ: DJENNÉ, MALI

1907

Die ursprünglich im 13. Jahrhundert erbaute Große Moschee von Djenné ist ein eindrucksvolles Beispiel der sudanisch-sahelischen Architektur und einer der größten Lehmbauten der Welt.

Das aus sonnengetrockneten Lehmziegeln sowie Sand und Mörtel errichtete und dann verputzte Bauwerk wurde einige Jahre später noch um zwei Türme und eine Einfassungsmauer erweitert. Bei der Rekonstruktion im Jahr 1907 wurden an der Gebetswand, *qibla*, die nach Mekka ausgerichtet ist, drei hohe Minarette ergänzt. Auf allen Minaretten ragen konisch geformte Spitzen empor. In der Gebetshalle finden sich 90 hohe viereckige Pfeiler sowie kleine, unregelmäßig platzierte Fenster an der Nord- und der Südwand.

Die Moschee steht auf einem erhöhten Sockel, der sie vor den alljährlichen Überschwemmungen durch den Fluss Bani schützt. Die massiven, stellenweise über einen Meter dicken Außenmauern sind nach innen abgeschrägt und werden an der Außenseite von 18 viereckigen, mit Holzpfählen dekorierten, nach oben spitz zulaufenden Strebepfeilern verstärkt. Die aus den Wänden ragenden Palmyra-Palmstämme dienen der Ornamentik, haben aber auch einen praktischen Wert: Bei den alljährlich notwendigen Reparaturarbeiten ersetzen sie das Gerüst. Das Dach, ebenfalls aus dem Holz der Palmyra-Palme, ist mit Lehm bedeckt und wird von neun Innenwänden mit hohen Spitzbögen getragen. Die verputzten Wände geben der Moschee ein geschmeidiges, skulpturales Erscheinungsbild.

Weitere wichtige Bauwerke

Djinger-Ber-Moschee, unbekannter Architekt, 1327, Timbuktu, Mali

Große Moschee von Bobo-Dioulasso, unbekannter Architekt, ca. 1890, Bobo-Dioulasso, Burkina Faso

Larabanga-Moschee, unbekannter Architekt, 1421, Larabanga, Ghana

ISLAMISCHE ARCHITEKTUR **S. 20**

ISMAILA TRAORÉ

Ismaila Traoré (Lebensdaten unbekannt) war der leitende Baumeister in Djenné. 1907 wurde er von den Franzosen, die das Gebiet 1893 unter ihre Kontrolle gebracht hatten, beauftragt, den Wiederaufbau der Moschee zu leiten. Zwar ist das Gebäude in vielerlei Hinsicht traditionell, etwa in seinem Gebrauch ortstypischer Materialien und dem Einbau von Palmstämmen, die aus der Fassade hervorragen, doch in seinem symmetrischen Grundriss spiegelt sich auch der französische Einfluss.

FENSTER **S. 167** DACH **S. 168** BOGEN **S. 173** TURM **S. 174** TREPPE **S. 176**
STREBEBOGEN **S. 178** LEHMZIEGEL **S. 193** PUTZ **S. 203**

Rietveld-Schröder-Haus

GERRIT RIETVELD: UTRECHT, NIEDERLANDE

1924 – 1925

GERRIT RIETVELD

Schon als Kind lernte Rietveld das Tischlerhandwerk und nachdem er von 1906 bis 1911 als Zeichner für einen Juwelier in Utrecht gearbeitet hatte, gründete er seine eigene Möbeltischlerei. Sein architektonisches Schaffen folgt den Grundsätzen seines Möbeldesigns, das sich wiederum an dem von De Stijl orientiert. In den 1950er Jahren arbeitete er vor allem an Sozialbauprojekten.

1924 beauftragte die Niederländerin Truus Schröder-Schräder (1889–1985), eine gelernte Apothekerin, Gerrit Rietveld (1888–1964) mit dem Bau eines Hauses für sie und ihre drei Kinder.

In diesem kleinen Einfamilienhaus spiegeln sich die Ideale der De Stijl-Künstler und -Architekten in den Niederlanden der 1920er Jahre. Das zweigeschossige Gebäude bricht radikal mit allen vorherrschenden Architekturvorstellungen: Das Erdgeschoss ist um eine zentrale Treppe herum angelegt; im ersten Stockwerk befindet sich ein dynamischer, veränderbarer offener Wohnbereich. Schröder-Schräder hatte sich stets für Kunst interessiert und wusste, was sie wollte. Ihr fehlten jedoch die Erfahrung und die Kenntnisse eines Architekten oder Designers. Rietveld hielt ihren Wunsch nach einem flexiblen Wohnraum zunächst nicht für umsetzbar, doch letztlich gelang es ihm, diesen Wunsch mithilfe eines Systems aus Schiebe- und Drehelementen zu verwirklichen. Diese flexiblen Wände boten zahlreiche Möglichkeiten: Durch Öffnen und Schließen ließen sich Räume beliebig abtrennen oder erweitern.

Das Haus ist aus rechtwinkligen Linien und Flächen konstruiert mit mehreren Balkonen an den Fassaden. Die Farbpalette entspricht den Vorstellungen von De Stijl und beschränkt sich auf Weiß, Grau, Schwarz und die Primärfarben. Innen- und Außenansicht unterscheiden sich dabei kaum. Sogar die Fenster lassen sich nur im 90-Grad-Winkel zur Wand öffnen, was ebenfalls den strengen Standards der Bewegung entspricht. Die Fundamente und Balkone sind aus Beton, die Wände aus verputztem Backstein, die Fensterrahmen, Türen und Böden aus Holz.

DE STIJL **S. 41**

Weitere wichtige Bauwerke

Café De Unie, J. J. S. Oud, 1925, Rotterdam, Niederlande

Innenräume des Aubette, Sophie Taeuber-Arp,
Jean Arp und Theo van Doesburg, 1926–1928, Straßburg, Frankreich

Eames House, Charles und Ray Eames, 1949, Los Angeles, USA

FENSTER **S. 167** DACH **S. 168** BALKON **S. 170** TREPPE **S. 176** BACKSTEIN **S. 195**
HOLZ **S. 196** BETON **S. 201** PUTZ **S. 203**

Bauhaus-Gebäude

WALTER GROPIUS: DESSAU, DEUTSCHLAND

1925 – 1926

Das 1919 von Walter Gropius (1883–1969) in Weimar gegründete Bauhaus war eine Kunstschule, die es sich zum Ziel gesetzt hatte, Industrie, Kunsthandwerk und Kunst einander näherzubringen und die Art, wie Dinge gestaltet und hergestellt wurden, zu verändern.

Als das Bauhaus 1925 nach Dessau umzog, entwarf Gropius einen neuen Campus mit asymmetrischem Grundriss und mehreren Flügeln oder Blöcken. Jedes Gebäude wurde seiner Funktion entsprechend gestaltet: Es gab Werkstätten, Ateliers, eine Bibliothek, einen Speisesaal, Wohnräume, Vorlesungssäle sowie Unterrichts- und Versammlungsräume. Der dreigeschossige Werkstattflügel und der ebenso hohe Trakt für die Gewerbliche Berufsschule waren über eine zweigeschossige Brücke verbunden, die Verwaltungsbüros beherbergte. Ein weiteres Hauptelement war das fünfgeschossige Ateliergebäude mit 28 identischen Wohnateliers für Studenten und Jungmeister. Auf einem nahegelegenen Stück Land wurden ineinander verschachtelte Wohnhäuser für die Altmeister und den Direktor errichtet (siehe Seite 43).

Das Bauhaus-Gebäude besteht vorwiegend aus Stahlbeton mit Backsteinausfachungen. Getreu der Devise, dass die Funktion vor der Form kommt, wurde auf überflüssige Dekoration verzichtet. Die vielen großen Fenster sind von Stahlstreben gegliedert. Ebensolche nutzte man auch für die Glasfassade, die vor das tragende Skelett des Werkstattflügels gehängt wurde. Ein Flachdach sorgt für Uniformität. Die Farbpalette beschränkt sich außen auf Grau, Weiß, Schwarz und einen Hauch von Rot an den Türen. Die klaren Linien der Gestaltung sind beispielhaft für die minimalistische Industrieästhetik des Bauhauses. Die Innenausstattung wurde komplett in den Werkstätten der Schule hergestellt.

WALTER GROPIUS

Der in Berlin geborene Gropius arbeitete für Peter Behrens (1868–1940) bevor er zusammen mit Adolf Meyer (1881–1929) im Jahr 1910 sein eigenes Architekturbüro eröffnete. 1919 gründete er das Bauhaus, das er von 1919 bis 1928 leitete. Sein ganzes Leben lang hielt er sich an den von Louis Sullivan geprägten Grundsatz, dass die Form der Funktion folgen soll. 1934 zog er nach England, 1937 wanderte er in die USA aus.

MODERNE **S. 37** BAUHAUS **S. 43**

Weitere wichtige Bauwerke

Fagus-Werk, Walter Gropius und Adolf Meyer, 1911–1925, Niedersachsen, Deutschland

Bundesschule des ADGB, Hannes Meyer, 1928, Bernau bei Berlin, Deutschland

Bauhaussiedlung Dessau-Törten, Walter Gropius, 1926–1928, Dessau, Deutschland

FENSTER **S. 167** DACH **S. 168** TREPPE **S. 176** BACKSTEIN **S. 195**
BETON **S. 201** GLAS **S. 206** STAHL **S. 209**

Chrysler Building

WILLIAM VAN ALEN: NEW YORK CITY, USA

1928 – 1930

Weitere wichtige Bauwerke

Chicago Board of Trade Building, Holabird und Root, 1929–1930, Chicago, USA

Empire State Building, Shreve, Lamb and Harmon, 1929–1931, New York City, USA

Rockefeller Center, Raymond Hood, 1930–1939, New York City, USA

Das von William Van Alen (1883–1954) entworfene Chrysler Building war bei seiner Fertigstellung 1930 das höchste Haus der Welt.

Vom Boden bis zur Spitze seines Turmhelms misst der Wolkenkratzer 319 Meter, zählt 77 Stockwerke und besitzt 3.862 Fenster. Das seinerzeit als Konzernzentrale für Chrysler Motors errichtete Hochhaus war das erste von Menschenhand gefertigte Gebäude, das mehr als 305 Meter hoch war. Von einem breiten Unterbau ausgehend wird es nach oben zunehmend schmaler und endet ganz oben in dem sich verjüngenden Turmhelm. Das Gebäude besteht aus einem mit Mauerwerk verfüllten Stahlrahmen und ist in manchen Bereichen ornamental mit Metall verkleidet. Zum weiteren Dekor gehören Dreiecksformen, Sunburst-Design, Wasserspeier und Bogen-Motive, horizontale schwarze und weiße Streifen sowie geometrische Muster. Beim Außendekor, den Fensterrahmen und dem Turmhelm kam weitestgehend Nirosta, rostfreier Stahl – eine glänzende Metalllegierung – zum Einsatz, während die Eingangshalle im Erdgeschoss mit Marmor und Chrom ausgestaltet ist. Alle diese Aspekte veranschaulichen den Art-Déco-Stil, der sich nach der Pariser Weltausstellung im Jahr 1925 international verbreitete.

Van Alen wollte sein Hochhaus nach oben hin mit einer Glaskuppel abschließen, trat dann aber mit der Bank of Manhattan von H. Craig Severance in einen Wettbewerb um das höchste Gebäude. Deshalb setzte er dem Wolkenkratzer statt einer Kuppel einen Turmhelm auf, den er in vier Teilen vorfertigen und im Oktober 1929 aufrichten ließ. Mit seinem modernen Vakuum-Reinigungssystem und den 32 Hochgeschwindigkeitsaufzügen war das Chrysler Building auch in Sachen Effizienz weltweit führend.

WILLIAM VAN ALEN

Van Alen studierte am Pratt Institute und arbeitete für mehrere Architekten in New York City bevor er 1908 ein Stipendium für die École des Beaux-Arts in Paris erhielt. Nach seiner Rückkehr nach New York trat er mit seinem ehemaligen Geschäftspartner H. Craig Severance (1879–1941) in einen Wettbewerb um den Bau des welthöchsten Gebäudes.

MODERNE **S. 37** ART DÉCO **S. 44**

FENSTER **S. 167** TREPPE **S. 176** TURMHELM **S. 184** BACKSTEIN **S. 195**
BETON **S. 201** GLAS **S. 206** STAHL **S. 209**

Villa Savoye

LE CORBUSIER • PIERRE JEANNERET: POISSY, FRANKREICH

1929 – 1930

Weitere wichtige Bauwerke

Villa Stein, Le Corbusier, 1926, Vaucresson, Frankreich

Villa Tugendhat, Ludwig Mies van der Rohe, 1930, Brünn, Tschechien

Pavillon Suisse, Le Corbusier, 1932, Paris, Frankreich

Mit ihren horizontalen Fenstern, den Pilotis, dem Flachdach und der offenen Innengestaltung steht die Villa Savoye beispielhaft für den Internationalen Stil.

Das als Wochenendresidenz entworfene Gebäude ist das vielleicht renommierteste architektonische Werk Le Corbusiers (1887–1965); erschaffen hat er es in Zusammenarbeit mit seinem Cousin Pierre Jeanneret (1896–1967). Das alleinstehende Haus am Stadtrand von Paris folgt Le Corbusiers Vorstellungen vom Haus als „Wohnmaschine". Es genügt auch den fünf Punkten, die er in seiner 1923 erschienenen Abhandlung *Vers Une Architektur* (*Ausblick auf eine Architektur*) definierte: Ein Gebäude sollte Pilotis haben, die es über den Boden emporheben; eine freie Fassade, die nicht von der Baustruktur diktiert wird; einen offenen Grundriss; horizontale Langfenster oder Fensterbänder und einen Dachgarten.

Aufgrund der vorwiegend weißen Außenfassaden und der langen horizontalen Fenster, die sich von den üblichen strukturellen Zwängen freimachen, flutet das Tageslicht in große offene

rechts: Mit seiner Idee, ein Haus auf schlichten weißen Pilotis zu erbauen, wollte Le Corbusier unter dem Gebäude Raum schaffen. Die Konstruktion sollte ein Gefühl von Leichtigkeit vermitteln und dem Eigentümer gleichzeitig einen gepflasterten, überdachten Stellplatz für seinen Wagen bieten.

unten: Der Dachgarten und die Sonnenterrasse werden sowohl über eine Treppe als auch über eine Rampe erreicht. Für Le Corbusier war der abgeschirmte Dachgarten einer der wichtigsten „Räume" des Hauses: Hier konnten die Bewohner die wohltuende Wirkung der Sonne genießen.

rechts: Fensterbänder – lange, horizontale Scheiben mit Stahlrahmen – verweisen auf die Befreiung aus der Abhängigkeit von tragenden Außenmauern. Sie wurden zu einem Symbol des neuen Internationalen Stils.

Räume. Mit den überwiegend geraden Linien des Gebäudes kontrastieren die geschwungene Treppe und die schrägen Rampen, die die Stockwerke miteinander verbinden und ein Gefühl von Bewegung erzeugen. Die Pilotis ermöglichen ein Abstellen des Autos nahe der Eingangstür. Sie erzeugen zudem einen Schwebeeffekt und betonen die Horizontalität des Gebäudes. Aufgrund fehlender Fallrohre und Fenstersimse – sie hätten die stromlinienförmige Ästhetik gestört – gab es jedoch Probleme mit eindringendem Regenwasser, und die weißen Oberflächen erwiesen sich als anfällig für Verfärbungen und Erosion.

LE CORBUSIER

Der in der Schweiz geborene Charles-Edouard Jeanneret machte zunächst eine Ausbildung zum Gravierer. Dann wandte er sich der Architektur zu, änderte seinen Namen in Le Corbusier und lernte bei Peter Behrens in Berlin und Auguste Perret (1874–1954) in Paris. Als Vorreiter der Architektur der Moderne und des Internationalen Stils gründete er 1922 mit seinem Cousin Pierre Jeanneret ein Büro und machte sich mit seinen gleichermaßen eleganten wie funktionalen Bauten einen Namen.

FENSTER **S. 167** TREPPE **S. 176** PILOTIS **S. 188** BETON **S. 201**
STUCK **S. 205** GLAS **S. 206** STAHL **S. 209**

Fallingwater

FRANK LLOYD WRIGHT: PENNSYLVANIA, USA

1936 – 1939

Fallingwater liegt mitten in einem ländlichen Waldgebiet und ist auf einen Felsvorsprung über einem Wasserfall erbaut. Die auskragenden Balkone des Hauses scheinen die Schwerkraft in Frage zu stellen.

Fallingwater ist eines der bekanntesten Werke von Frank Lloyd Wright (1867–1959), der es für einen wohlhabenden Unternehmer entwarf. Seine dramatisch hervorspringenden Balkone und breiten Fenster eröffnen vom Wohnzimmer und von den Schlafräumen aus einen weiten Blick. Das vorwiegend aus Stein und Beton erbaute Haus wirkt wie ein Teil der Landschaft, und die Balkone, die mit Stahl verstärkt werden mussten, scheinen trotz ihres Gewichts über dem reißenden Gebirgsbach zu schweben. Steinplattenböden und das ebenfalls von Wright entworfene Mobiliar stellen eine Verbindung von Innen- und Außenraum her. Das Ergebnis ist ein gelungenes Beispiel dessen, was Wright als „organische Architektur" bezeichnete.

Steintreppen und ein gewundener Pfad verbinden das Hauptgebäude mit einem Gästehaus und einem Carport; die Feuerstelle im Hausinnern ist aus Felsblöcken erbaut, die auf dem Grundstück gefunden wurden. Nur wenige Fenster haben konventionelle Rahmen. Die Scheiben sind stattdessen mit horizontalen roten Metallstreben eingefasst, die geradewegs in verstemmte (wasserabweisende) Bereiche des Mauerwerks münden. Wright schuf überall visuelle Kontraste, etwa zwischen glatten und rauen Oberflächen, schweren und leichten Materialien, durchsichtigen und undurchsichtigen Elementen.

FRANK LLOYD WRIGHT

Frank Lloyd Wright ist einer der bekanntesten Architekten Amerikas. Er studierte zunächst Ingenieurwesen und arbeitete dann für Louis Sullivan in Chicago. 1897 war er Mitbegründer der Chicago Arts and Crafts Society. Einen Namen machte er sich zunächst mit seinen „Prairie Houses", deren erstes Beispiel 1900–1901 fertiggestellt wurde – niedrigen, flachen Häusern mit offener Raumgestaltung.

MODERNE **S. 37** ORGANISCHE ARCHITEKTUR **S. 38**

Weitere wichtige Bauwerke

Robie House, Frank Lloyd Wright, 1909–1910, Chicago, USA

Solomon R. Guggenheim Museum, Frank Lloyd Wright, 1953–1959, New York City, USA

Johnson Wax Administration Building, Frank Lloyd Wright, 1936–1939, Racine, USA

FENSTER **S. 167** BALKON **S. 170** AUSKRAGUNG **S. 189** STEIN **S. 192**
BETON **S. 201** GLAS **S. 206** STAHL **S. 209**

Seagram Building

LUDWIG MIES VAN DER ROHE: NEW YORK CITY, USA

1954 – 1958

Weitere wichtige Bauwerke

Lever House, Skidmore, Owings und Merrill, 1951–1952, New York City, USA

Kontorhaus Jespersen, Arne Jacobsen, 1953–1955, Kopenhagen, Dänemark

Pirelli-Hochhaus, Gio Ponti, 1956–1958, Mailand, Italien

Das Seagram Building in New York City verkörpert die Grundsätze der modernen Architektur. 27 Meter von der Park Avenue zurückgesetzt erhebt es sich hinter einer abgestuften Plaza mit zwei Wasserbecken.

Die von Ludwig Mies van der Rohe (1886–1969) entworfene 38-geschossige Stahl-Glas-Konstruktion bildet einen dramatischen Kontrast zu dem Granitpflaster der Plaza. Die Büroräume über der Eingangshalle haben flexible Grundrisse und werden über durchlaufende Lichtdecken beleuchtet. Durch die großen getönten Scheiben, die im ganzen Gebäude vom Boden bis zur Decke reichen, erhalten die Räume zudem reichlich Tageslicht.

Mit seinen klaren, schlanken Linien diente das Seagram Building vielen nachfolgenden Bürogebäuden als Vorbild. Zudem ist es ein idealtypisches Beispiel für einen Wolkenkratzer im Internationalen Stil. Mies wollte den Stahlrahmen sichtbar lassen, doch die amerikanischen Bauvorschriften verlangten, dass sämtliche Stahlstreben mit feuerfestem Material, für gewöhnlich Beton, verkleidet wurden. Um dennoch den Eindruck eines sichtbaren Skeletts zu erwecken, umgab Mies die großen Glasfenster mit einer weiteren Hülle aus nichttragenden Metallstützen. Dafür verwendete er 1.360 Tonnen Bronze, die dem Gebäude seine charakterische Färbung geben. Durch den Einsatz kostspieliger Materialien wie Bronze, Travertin und Marmor war das Seagram Building zur Zeit seiner Entstehung der teuerste Wolkenkratzer der Welt.

LUDWIG MIES VAN DER ROHE

Nachdem er bei Peter Behrens in die Lehre gegangen war, eröffnete Mies van der Rohe in Berlin sein eigenes Büro. Für seine bahnbrechenden Gebäude, die ganz auf Ornamentik verzichteten, verwendete er Materialien wie Stahl, Glas, Marmor und Travertin. Von 1930 bis 1933 leitete er das Bauhaus. 1938 emigrierte er in die USA, wo er sich als einer der führenden Architekten der Moderne etablierte.

MODERNE **S. 37** INTERNATIONALER STIL **S. 42** BAUHAUS **S. 43**

FENSTER S. 167 TURM S. 174 TREPPE S. 176 SÄULE S. 177
MARMOR S. 200 GLAS S. 206 STAHL S. 209

Opernhaus von Sydney

JØRN UTZON: SYDNEY, AUSTRALIEN

1957 – 1973

Im Jahr 1956 schrieb die Regierung von New South Wales, Australien, das geplante nationale Opernhaus auf der Landzunge Bennelong Point in Sydney international zum Wettbewerb aus.

Ein wenig bekannter dänischer Architekt namens Jørn Utzon (1918– 2008) gewann die Ausschreibung mit einem skulpturalen, geschwungenen Gebäude, dessen überlappende Dächer zwei große Säle überspannen. Der Entwurf brach radikal mit den schlichten, viereckigen Formen der modernen Architektur. Doch bald schon traten technische Probleme auf, vor allem beim Bau der gebogenen Dachsegmente, von denen Utzon sagte, sie seien von den Schalen einer Orange inspiriert. 1961 schließlich fand der britische Ingenieur Ove Arup (1895–1988) eine Lösung: eine in 98 identische Rippenstücke zerschnittene Betonkugel. Leider warf Utzon nach mehreren Auseinandersetzungen mit der australischen Regierung, bei denen es vor allem um die steigenden Kosten ging, das Handtuch. Er wurde ersetzt durch ein Komittee aus drei lokalen Architekten, die unter anderem den Innengrundriss änderten, um das Ganze zweckmäßiger zu gestalten. Letztlich jedoch wurde größtenteils zugunsten von Utzons Entwürfen entschieden.

Die Dächer wurden aus 2.194 dünnen, vorgefertigten Betonsegmenten errichtet, die von Stahlbändern gehalten und mit weißen, teils glänzenden, teils matten Keramikfliesen verkleidet wurden. Riesige gläserne Vorhangfassaden verbinden diese Dachsegmente mit dem Boden. Das Gebäude wird von 580 Betonpfeilern getragen, die bis zu 25 Meter unter die Meeresoberfläche getrieben wurden. Für die Innengestaltung wurde ortstypischer rosa Granit verwendet. Die gewölbten Betonrippen des Daches bilden an der Decke ein Fächermotiv.

Weitere wichtige Bauwerke

Nationale Sporthalle Yoyogi, Kenzo Tange, 1963–1964, Tokio, Japan

Olympiastadion, Günther Behnisch und Frei Otto, 1968–1972, München, Deutschland

Utzon Center, Jørn Utzon, 2005–2008, Aalborg, Dänemark

MODERNE **S. 37** ORGANISCHE ARCHITEKTUR **S. 38** EXPRESSIONISMUS **S. 40**

JØRN UTZON

Utzon arbeitete zunächst für den schwedischen Architekten Gunnar Asplund (1885–1940) sowie ein Jahr lang mit dem finnischen Architekten und Designer Alvar Aalto (1898–1976) und eröffnete dann ein eigenes Büro in seiner Heimatstadt Kopenhagen. Bevor er die Ausschreibung für die Oper in Sydney gewann, entwarf er Häuser in Dänemark. Später arbeitete er zwar in Europa, doch die Probleme in Sydney führten auch hier zu einer Zurückhaltung bei den Auftraggebern.

DACH **S. 168** BOGEN **S. 173** SÄULE **S. 177** STEIN **S. 192** BETON **S. 201** GLAS **S. 206** STAHL **S. 209**

Kathedrale von Brasília

OSCAR NIEMEYER: BRASÍLIA, BRASILIEN

1958 – 1970

Brasília wurde von 1956 bis 1960 als neue Hauptstadt Brasiliens erbaut, hauptsächlich von dem Architekten Oscar Niemeyer (1907–2012) nach einem Entwurf seines Freundes Lució Costa (1902–1998).

Niemeyer entwarf die Kathedrale als Betonbau mit skulpturalen, organisch wirkenden Formen. Von außen wirkt das Gebäude hochdramatisch: 16 identische, gebogene Säulen streben aufeinander zu, treffen zusammen, gehen wieder auseinander und bilden so eine Krone. Der komplett symmetrische Bau bricht mit allem Dagewesenen. Die Säulen lenken den Blick hinauf zu dem Punkt, an dem sie zusammenlaufen und eine Betonscheibe tragen, die das Dach bildet. Danach driften sie wieder auseinander, um einzelne Punkte auszubilden. Auf der Betonplatte erhebt sich ein Kreuz.

Das Gebäudeinnere besteht aus einem einzigen Raum mit 70 Metern Durchmesser, der bis zu 4.000 Gläubige aufnehmen kann. Der Raum zwischen den Säulen ist mit Glas überspannt, sodass die Kathedrale tagsüber von Licht durchflutet wird. Die ansonsten schmucklosen Glasflächen sind um den Altar herum mit aufsteigenden, wirbelnden Formen aus blauem und grünem Buntglas verziert, entworfen von der französisch-brasilianischen Künstlerin Marianne Peretti (geb. 1927). Der schlichte weiße rechteckige Altar bildet einen Kontrast zu dem bunten Glas und den gebogenen Säulen. Letztere erzeugen im Kircheninnern ein Gefühl von Schwerelosigkeit, da sie sich am oberen und unteren Ende verjüngen. Der separate Glockenturm neben dem Gebäude besteht aus einer einzigen Betonsäule, die sich oben zu einer Spitze verjüngt und einen 20 Meter langen, horizontalen Balken mit vier Glocken trägt.

MODERNE **S. 37** FUTURISMUS **S. 39**

Weitere wichtige Bauwerke

Edifício Copan, Oscar Niemeyer, 1952–1961, São Paulo, Brasilien

Palácio da Alvorada, Oscar Niemeyer, 1957–1958, Brasília, Brasilien

Museu de Arte Contemporânea de Niterói, Oscar Niemeyer, 1991–1996, Rio de Janeiro, Brasilien

OSCAR NIEMEYER

Der in Rio de Janeiro geborene Oscar Niemeyer war eine Schlüsselfigur der Architektur des Futurismus. Einen Namen machte er sich vor allem mit seinen Entwürfen für städtische Gebäude in Brasília. Gemeinsam mit anderen Architekten entwarf er außerdem den Hauptsitz der Vereinten Nationen (1948–1952) in New York. Er war ein Experte für skulpturale Formen aus Stahlbeton.

→ DACH **S. 168** SÄULE **S. 177** BETON **S. 201** GLAS **S. 206**

Habitat 67

MOSHE SAFDIE: MONTREAL, KANADA

1966
–
1967

Das von dem israelisch-kanadischen Architekten Moshe Safdie (geb. 1938) als Pavillon für die Weltausstellung 1967 in Montreal entworfene Habitat 67 war ursprünglich ein Experiment.

Safdie hatte das Projekt 1961 als „Three-Dimensional Modular Building System" für seine Masterarbeit in Architektur an der McGill University in Montreal gestartet. Es nutzte die Möglichkeiten vorgefertigter Moduleinheiten, um Baukosten zu senken und eine neue Form des Wohnens zu erschaffen. Safdie war der Meinung, dass sich ein solches versetztes Übereinanderwohnen ähnlich anfühlen könnte wie das Leben in einem Dorf.

Die Anlage reicht bis zu 12 Stockwerke hoch und besteht aus 158 Wohnungen mit 15 verschiedenen Wohnungstypen, die in Form und Größe variieren. Sie werden aus ein bis vier unterschiedlich angeordneten Stahlbeton-Boxen gebildet. Insgesamt kamen hier 354 vorgefertigte, am Fließband hergestellte Betoneinheiten zum Einsatz, die mithilfe eines Krans in verschiedenen Kombinationen gestapelt und über innenliegende Stahlseile miteinander verbunden wurden.

Jede Wohnung hat ein bis vier Schlafzimmer, ist zwischen 60 und 160 Quadratmeter groß und verfügt über eine hängende Terrasse sowie Dachfenster. Zu den Wohnungen führen eine Reihe von Gängen und Brücken; die oberen Etagen werden von drei Aufzügen bedient. Safdie ließ sich bei diesem Projekt vermutlich von der typischen Architektur seiner Heimatstadt Haifa inspirieren: Die versetzte Anordnung der Betonboxen sorgt für Privatsphäre, Dachgärten und reichlich natürliches Licht. Dadurch erhalten die Wohnungen einen sowohl individuellen wie gemeinschaftlichen Charakter, was eine Verbesserung gegenüber herkömmlichen Appartmenthochhäusern darstellt.

MOSHE SAFDIE

Mit Habitat 67 legte Safdie den Grundstein für eine internationale Karriere mit äußerst innovativen Bauten. 1954 wanderte seine Familie von Israel nach Montreal, Kanada, aus, wo er 1961 einen Abschluss in Architektur machte. Nach einer Lehrzeit bei Louis Kahn (1901–1974) in Philadelphia kehrte er nach Montreal zurück, wo er 1964 seine eigene Firma gründete. Eine weitere gründete er 1970 in Jerusalem.

BRUTALISMUS **S. 46**

Weitere wichtige Bauwerke

Hansaviertel, Alvar Aalto, 1955–1957, Berlin, Deutschland

Barbican Estate, Chamberlin, Powell und Bon, 1963–1975, London, Großbritannien

Walden 7, Ricardo Bofill, 1972–1975, Barcelona, Spanien

TREPPE **S. 176** SÄULE **S. 177** TERRASSE **S. 187** BETON **S. 201** GLAS **S. 206** STAHL **S. 209**

Biosphère Montreal

BUCKMINSTER FULLER: MONTREAL, KANADA

1966 – 1967

1965 wurde Buckminster Fuller (1895–1983) von der US Information Agency beauftragt, für die Weltausstellung 1967 in Montreal den amerikanischen Pavillon zu entwerfen, heute bekannt als Biosphère Montreal.

Fuller entwarf eine geodätische Dreiviertelkugel mit 76 Metern Durchmesser und einer Höhe von 61 Metern – so hoch wie ein 20-geschossiges Gebäude. Fast 20 Jahre lang hatte er seine Entwürfe für geodätische Kuppeln perfektioniert. Er war fasziniert von der Materialeffizienz und der strukturellen Modularität dieser Bauweise, die in seinen Augen nachhaltig und leicht reproduzierbar war. Die Kuppel besteht aus einem zweischaligen Stahlstabskelett, das an der Außenseite dreieckige und an der Innenseite sechseckige Formen ausbildet. Alle Felder wurden mit getönten transparenten Platten aus Acrylglas verschlossen und das Innenraumklima über computergesteuerte Verschattungen reguliert, um eine gleichbleibende Temperatur zu erreichen. Fuller betrachtete Dreiecke als die perfekte Form, und mit seinem Entwurf demonstrierte er, dass es möglich war, ein Gebäude mit nur einem Fünfzigstel der Materialien zu errichten, die für ein konventionelles Haus ähnlicher Größe normalerweise vonnöten wären. Die mosaikartigen Dreiecke bieten maximale Effizienz gepaart mit Einfachheit.

Während der Weltausstellung waren die vier Themenwelten der amerikanischen Ausstellung über sieben Etagen verteilt. Der Zugang erfolgte über eine 37 Meter lange Rolltreppe, damals die längste weltweit. 1976 wurde die Acrylglashülle der Kuppel bei einem Brand zerstört. Heute beherbergt die Biosphère Montreal ein Umweltmuseum.

BUCKMINSTER FULLER

Buckminster Fuller war ein Entwickler, Designer, Autor und Architekt aus Massachusetts. Er veröffentlichte knapp 30 Bücher, ließ sich 28 Designs patentieren und erhielt 47 Ehrendoktorate. Zudem zeichnet er für zahlreiche Erfindungen, vorwiegend architektonische Designs, verantwortlich und machte die geodätische Kuppel bekannt. Um globale Probleme zu lösen beschränkte er sich nicht nur auf die Architektur, sondern zog es vor, sich als „Designforscher“ zu bezeichnen.

GEODÄTISCHE ARCHITEKTUR **S. 45**

Weitere wichtige Bauwerke

Gold Dome, Buckminster Fuller, 1958, Oklahoma City, USA

Dome Home, Buckminster Fuller, 1960, Illinois, USA

Eden-Projekt, Nicholas Grimshaw, 1998–2001, Cornwall, Großbritannien

FENSTER **S. 167** KUPPEL **S. 172** TREPPE **S. 176** ATRIUM **S. 180** STAHL **S. 209** KUNSTSTOFF **S. 211**

Centre Pompidou

RICHARD ROGERS • RENZO PIANO: PARIS, FRANKREICH

1971 – 1977

Das Centre Georges Pompidou in Paris ist ein beispielhaftes Werk der Hightech-Architektur. Es wurde von Ideen der in den 1960er Jahren aktiven Architektengruppe Archigram beeinflusst.

Das Gebäude, das eine der größten Sammlungen moderner Kunst weltweit und eine umfangreiche öffentliche Bibliothek beherbergt, ging als Siegerbeitrag aus einem Wettbewerb für ein Kulturzentrum hervor. Der Entwurf stammt von dem britischen Architekten Richard Rogers (geb. 1933), dem italienischen Architekten Renzo Piano (geb. 1937) und dem irischen Bauingenieur Peter Rice (1935–1992). Sie schufen ein Gebäude, das sein Inneres nach außen kehrt; dieser Stil wird bisweilen als „Bowellismus" (von „bowels": Gedärm) beschrieben. Von außen gleicht der Bau einer gigantischen Maschine. Das Eisen-Stahl-Außenskelett ist mit horizontalen und diagonalen Stützen verstrebt und von großen, bunten Rohren gekennzeichnet. An der Hauptfassade verlaufen Rolltreppen durch transparente Röhren aus Acrylglas. Die offenliegende Versorgungstechnik soll auffallen und ist daher bewusst kühn und farbig gestaltet.

Im Vergleich dazu ist das Gebäudeinnere einfach und weiträumig, mit Galerien auf offenem Grundriss und großen Fenstern. Ein Netz aus bunt leuchtenden Rohren und Schächten verbindet das Äußere mit dem Inneren. Dieser Hightech-Ansatz wurde in den 1970er Jahren von Rogers, Piano, Norman Foster (geb. 1935) und mehreren anderen Architekten entwickelt. Sie lehnten die modernen Kuben aus Beton, Stahl und Glas ab und zogen es vor, moderne Technologie und Materialien ehrlich und offen zu zeigen, anstatt sie zu verstecken.

ROGERS & PIANO

Richard Rogers studierte an der Architectural Association in London und in Yale, New York, wo er Norman Foster kennenlernte. Eine Zeit lang arbeiteten sie als Team 4 mit Su Rogers (geb. 1939) und Wendy Foster (1937–1989) zusammen. In der Folge entwarf Rogers mehrere ikonische Bauwerke. Der Genueser Architekt und Ingenieur Renzo Piano hat ebenfalls mehrere innovative Designs entwickelt, darunter das Shard in London (2009–2012).

HIGHTECH-ARCHITEKTUR **S. 49**

Weitere wichtige Bauwerke

Lloyd's Building, Richard Rogers, 1978–1986, London, Großbritannien

HSBC Building, Foster & Partners, 1983–1986, Hong Kong

875 North Michigan Avenue, Skidmore, Owings und Merrill, 1965–1969, Chicago, USA

FENSTER **S. 167** SÄULE **S. 177** BETON **S. 201** GLAS **S. 206** STAHL **S. 209**

Portland Building

MICHAEL GRAVES: OREGON, USA

1980 – 1982

Weitere wichtige Bauwerke

AT&T Building, Philip Johnson und John Burgee, 1980–1984, New York City, USA

The Humana Building, Michael Graves, 1982–1985, Louisville, USA

Pacific Design Centre, Cesar Pelli, 1975, Los Angeles, USA

Das Portland Building, eigentlich Portland Municipal Services Building, das bei seiner Eröffnung als radikal wahrgenommen wurde, ist ein 15-geschossiges Bürogebäude, das mit den klaren, schmucklosen Linien der Moderne bricht.

Der Entwurf des amerikanischen Architekten Michael Graves (1934–2015) ging als Siegerbeitrag aus einem groß angelegten Wettbewerb hervor. Der Gebäudeaufbau folgt der klassischen Säulenordnung mit einer Basis, einem Mittelteil und einem Oberbau. Die Außengestaltung ist gekennzeichnet von regelmäßig platzierten, quadratischen kleinen Fenstern sowie verschiedenen Oberflächenstrukturen und Farben. Sie bildet einen starken Kontrast zu den kantigen Stahl- und Glasbauten der Moderne, die die Büro-Architektur seit dem frühen 20. Jahrhundert dominiert hatten. Die hellgelbe, dunkelrote und blaugrüne Fassade verschmilzt mit dem Himmel, der Erde und dem Gras. Das kastenförmige Bauwerk ist mit seinen Pilastern, Giebeln und dem friesähnlichen dekorativen Band eine eindrucksvolle Erscheinung.

Das Portland Building wollte nicht nur mit dem als langweilig empfundenen Erscheinungsbild anderer Bürogebäude brechen, es musste auch Büroräume für viele städtische Behörden schaffen sowie Büros zur Miete und einen Food-Court enthalten – das alles bei einem extrem knappen Budget. Das Gebäude ist zwar innovativ, nimmt aber auch Elemente früherer Architekturstile auf. Mit den dunkelrot glasierten Fassadenteilen etwa bildete Graves das übliche Baumaterial historischer Gebäude in Portland nach; es kontrastiert mit dem farbigen Stahlbeton und dem Fiberglas, die an anderen Stellen verwendet wurden. Dieser radikale Bruch mit den jüngsten Architekturtrends wurde sowohl mit Spott wie mit Lob quittiert. Die billige Innengestaltung hingegen warf für die Nutzer Probleme auf.

MICHAEL GRAVES

Michael Graves, einer der ersten Architekten der Postmoderne, setzte eigene architektonische Vorstellungen um und war zudem knapp 40 Jahre als Professor für Architektur an der Princeton University tätig. Er war Mitglied der italienischen Designergruppe Memphis und machte sich nicht nur mit seinen modernen und postmodernen Gebäuden einen Namen, sondern auch mit seinen Produktdesigns für Alessi, etwa 1985 dem Whistling Kettle.

POSTMODERNE **S. 47**

FENSTER S. 167 BETON S. 201 GLAS S. 206 STAHL S. 209

Vitra Feuerwehrhaus

ZAHA HADID: WEIL AM RHEIN, DEUTSCHLAND

1989 – 1993

Das Vitra Feuerwehrhaus ist das erste internationale Werk der irakisch-britischen Architektin Zaha Hadid (1950–2016). Es führt ihre Technik des Vermischens geometrischer Formen vor Augen, durch die sie ein Gefühl von Dynamik erzeugt.

Der Vitra Campus ist ein weitläufiger Komplex aus Fabrikgebäuden, Schauräumen und einem Designmuseum. Nachdem viele Gebäude bei einem Brand 1981 zerstört worden waren, wurden bekannte Architekten mit dem Bau neuer Gebäude beauftragt. Um das Risiko eines ähnlichen Desasters zu senken, sollte eine Werksfeuerwehr eingerichtet werden. Das Feuerwehrhaus entwarf Hadid aus mehreren scharfwinkligen Flächen, die in der Mitte aufeinandertreffen und eine Struktur bilden, die einem fliegenden Vogel gleicht.

Das Gebäude wurde vor Ort in Beton gegossen. Letztlich diente es jedoch nie als Feuerwehrhaus, da sich die Auflagen für die Feuerbekämpfung auf Industrieanlagen inzwischen geändert hatten. Stattdessen wurde es zur Ausstellungshalle. Das lange, enge Gebäude besitzt keine rechten Winkel. Die Wände sind an den Außenseiten schlicht und glatt, im Innern des Gebäudes erzeugen schiefe Ebenen, stürzende Wände und abschüssige Böden beim Besucher ein Gefühl von Instabilität. Hadid betonte Reinheit und Einfachheit und verzichtete vollständig auf dekorative Elemente und Farben – sogar die Fenster sind rahmenlos, und das Dach ist weder verkleidet noch eingefasst. Die schrägen Winkel der sich überschneidenden Flächen vermitteln ein Gefühl von Dynamik, und wenn man das Gebäude aus verschiedenen Perspektiven betrachtet, scheint es sich auf dramatische Weise zu verändern, da die Wände sich zu bewegen und hintereinander zu schieben scheinen.

ZAHA HADID

Als erste Frau wurde Zaha Hadid mit dem Pritzker-Preis ausgezeichnet. Für ihre radikalen dekonstruktivistischen Entwürfe, die häufig von miteinander verbundenen Räumen und dynamischen Formen gekennzeichnet sind, gewann sie viele Preise. Nach einem Studium in Beirut und London, begann sie 1980 in London als Architektin zu arbeiten. Mit neuen Raumkonzepten, die sich in ihren Werken manifestieren, erweiterte sie immer wieder die Grenzen der Architektur und des urbanen Designs.

DEKONSTRUKTIVISMUS **S. 51**

Weitere wichtige Bauwerke

Heydar-Aliyev-Kulturzentrum, Zaha Hadid, 2007–2012, Baku, Aserbaidschan

MAXXI Museum, Zaha Hadid, 1998–2010, Rom, Italien

London Aquatics Centre, Zaha Hadid, 2008–2011, London, Großbritannien

FENSTER **S. 167** SÄULE **S. 177** BETON **S. 201** GLAS **S. 206** STAHL **S. 209**

Moriyama House

YUE NISHIZAWA: TOKIO, JAPAN

2002 – 2005

MINIMALISMUS **S. 48**

Weitere wichtige Bauwerke

Funabashi Apartmenthaus, Ryue Nishizawa, 2002–2004, Chiba, Japan
Love Planet Museum, Ryue Nishizawa, 2003, Okayama, Japan
Teshima Art Museum, Ryue Nishizawa, 2010, Kagawa, Japan

Das aus einer Reihe von Betonboxen errichtete Moriyama House stellt die konventionellen Wohnungsbaumodelle bewusst infrage.

Das Moriyama House, nach einem Entwurf des japanischen Architekten Ryue Nishizawa (geb. 1966), ist ein experimentelles Wohnprojekt in einem Vorort von Tokio. Der Wohnkomplex besteht aus zehn weißen, ein- bis dreigeschossigen Quadern oder Einheiten, die in unregelmäßigem Muster auf einer kleinen Grundfläche verteilt sind. Es verfügt sowohl über gemeinschaftlich genutzte Räume, die sich die sechs Mieter und der Eigentümer teilen, als auch über Privaträume, und betont damit die Beziehung zwischen öffentlichem und privatem Raum. Zu den vier Einheiten, die vom Eigentümer genutzt werden, zählen ein Schlafzimmer, ein Wohnzimmer, ein Badezimmer und eine abgeschlossene Veranda.

Da Raum kostbar ist, haben die vorgefertigten Boxen extrem dünne tragende Wände. Sie sind nur 6 Zentimeter dick und mit Stahlplatten verstärkt, um große Fenster zu ermöglichen und den Innenraum zu maximieren. Die verschiedenen Bereiche sind durch gläserne Korridore verbunden. Die Anlage ist weder durch Zäune noch Hecken eingegrenzt. Jede Box verfügt über mindestens ein großes Fenster, doch die Quader sind so arrangiert, dass die Fenster einander stets versetzt gegenüberliegen, und so die Privatsphäre gewahrt wird. Der Raum zwischen den Einheiten und um sie herum hat keine festgelegte Funktion. Mit seinen kleinen Wegen und Innenhöfen ähnelt das Moriyama House einem Stadtteil im Miniaturformat. Es gehört zu einer Reihe experimenteller Wohnprojekte, die Nishizawa entworfen hat.

RYUE NISHIZAWA

1997 eröffnete Ryue Nishizawa in Tokio sein eigenes Büro; zwei Jahre zuvor hatte er bereits zusammen mit Kazuyo Sejima (geb. 1956) das Architekturbüro SANAA (Sejima and Nishizawa and Associates) gegründet, das 2010 mit dem Pritzker-Preis ausgezeichnet wurde. Nishizawa, der sowohl selbstständig als auch mit SANAA arbeitet, hat viele innovative Projekte entworfen und Lösungen für das urbane Leben entwickelt. Zudem lehrt er als Professor für Architektur an mehreren Universitäten.

→ FENSTER **S. 167** DACH **S. 168** INNENHOF **S. 175** BETON **S. 201** GLAS **S. 206** STAHL **S. 209**

Bosco Verticale

STEFANO BOERI ARCHITETTI: MAILAND, ITALIEN

2009 – 2014

Das erste Beispiel für einen „vertikalen Wald" oder Bosco Verticale waren zwei Apartment-Hochhäuser im Mailänder Geschäftsviertel.

Der höhere der beiden Türme misst 111 Meter und hat 26 Etagen, der niedrigere ist 76 Meter hoch und umfasst 18 Stockwerke. Auf den Balkonen beider Türme wachsen 480 große und mittelgroße Bäume, 300 kleine Bäume, 11.000 mehrjährige Pflanzen und Bodendecker sowie 5.000 Büsche. Entworfen wurden die Gebäude von den italienischen Architekten Stefano Boeri (geb. 1956), Gianandrea Barreca (geb. 1969) und Giovanni La Varra (geb. 1967) von dem Büro Stefano Boeri Architetti, in Zusammenarbeit mit Gartenbauern und Botanikern. Sie wollten damit in einem dicht bebauten Teil der Stadt den Smog reduzieren, Kohlendioxid binden und Sauerstoff produzieren. Dieses architektonische Konzept zielt darauf, die Artenvielfalt zu erhöhen und ein urbanes Ökosystem zu befördern: Die Pflanzen werden von geschätzten 1.600 Vögeln und Schmetterlingen bewohnt.

Da die Wohntürme die Mailänder Luftqualität auf effiziente, preisgünstige Weise verbessern, gelten sie vielen als wichtiger architektonischer Schritt nach vorn. Im Sommer wie im Winter sorgen die Pflanzen für eine angenehme Innentemperatur, indem sie Schatten spenden und raue Winde abhalten. Außerdem schützen sie das Gebäudeinnere vor dem Lärm und Staub des Straßenverkehrs. Obendrein sind die Gebäude autark, da sie erneuerbare Energie aus Solarzellen nutzen und zum Bewässern im Keller Brauchwasser sammeln.

STEFANO BOERI ARCHITETTI

1999 gründeten Stefano Boeri, Gianandrea Barreca und Giovanni La Varra in Mailand das Architekturbüro Stefano Boeri Architetti. Jeder der drei hat preisgekrönte internationale Designs entworfen, an großen Universitäten Vorlesungen über Architektur und Stadtplanung gehalten und für führende Architekturzeitschriften gearbeitet. Zusammen entwerfen sie weiterhin weltweit nachhaltige Architektur.

Weitere wichtige Bauwerke

Beddington Zero Energy Development (BedZED), Bill Dunster, 2000–2002, London, Großbritannien

One Central Park, Foster & Partners, Ateliers Jean Nouvel und PTW Architekten, 2012–2013, Sydney, Australien

Via Verde, Fernando Ortiz Monasterio und Luis Gerardo Mendéz, 2016, Mexiko City, Mexiko

NACHHALTIGE ARCHITEKTUR **S. 50**

BALKON S. 170 TURM S. 174 TERRASSE S. 187 BACKSTEIN S. 195
GLAS S. 206 RECYCLINGMATERIALIEN S. 213

Elbphilharmonie

HERZOG & DE MEURON: HAMBURG, DEUTSCHLAND

2016 – 2017

Die auf einem ehemaligen Lagerhaus aus Backstein errichtete Elbphilharmonie orientiert sich lose an einem griechischen Amphitheater. In dem tief im Elbboden verankerten Gebäude mischen sich Geologie und Architektur.

Die am Elbufer gelegene Elbphilharmonie wird von rund 1.700 Stahlbetonpfeilern getragen und erhebt sich über einem seit 1966 stillgelegten Speicher, von dem nur die Fassade erhalten wurde. Die Glasfassade des Neubaus besteht aus mehr als 1.000, teilweise gebogenen Glaselementen und schließt nach oben hin mit einem markant geschwungenen Dach ab. Diese Gestaltung erinnert an ein gehisstes Segel, eine Welle oder einen riesigen Kristall. Der Bau wurde nach einem Entwurf des Architekturbüros Herzog & de Meuron errichtet und dient als Kultur- und Wohnkomplex – mit 108 Metern Höhe ist es das höchste bewohnte Gebäude Hamburgs.

Von den insgesamt 26 Stockwerken liegen die ersten acht innerhalb der Backsteinfassade. Eine gekrümmte Rolltreppe, die am Haupteingang im Osten beginnt, verbindet das Erdgeschoss mit der Aussichtsterrasse, der Plaza, am oberen Ende des Backsteinteils. Von hier aus hat man einen Rundumblick auf Hamburg und die Elbe. In den gläsernen Geschossen des Gebäudes liegen drei Konzertsäle: der Große Saal, in dem bis zu 2.100 Besucher Platz finden; der Kleine Saal mit 550 Plätzen und das Kaistudio, das 170 Menschen aufnehmen kann. Die Glasfassade reflektiert den Himmel, den Fluss und die Stadt und bildet einen Kontrast zu Form und Erscheinungsbild des darunterliegenden Lagerhauses.

HERZOG & DE MEURON

Die Gründer und Seniorpartner des Schweizer Architekturbüros Herzog & de Meuron, Jacques Herzog (geb. 1950) und Pierre de Meuron (geb. 1950), blicken auf ähnliche Laufbahnen zurück. Beide haben die Eidgenössische Hochschule Zürich besucht, und gemeinsam zeichnen sie für bahnbrechende, preisgekrönte Architekturentwürfe verantwortlich, darunter den hochgelobten Umbau eines Londoner Kraftwerks, der Bankside Power Station, in ein Museum für moderne Kunst: die Tate Modern.

POSTMODERNE **S. 47**

Weitere wichtige Bauwerke

Tate Modern, Herzog & de Meuron, 1997–2000, London, Großbritannien
Forum Building, Herzog & de Meuron, 2002–2004, Barcelona, Spanien
40 Bond Street, Herzog & de Meuron, 2006–2007, New York City, USA

FENSTER **S. 167** DACH **S. 160** BETON **S. 201** GLAS **S. 206** STAHL **S. 209**

ELEMENTE

Wand

HAUPTVERTRETER: JOHN NASH • GEORGES-EUGÈNE HAUSSMANN • CHARLES BARRY • EDWIN LUTYENS • ERNEST HÉBRARD • EERO SAARINEN • ELIEL SAARINEN

Wände sind strukturierende Elemente, mit denen Räume oder Gebäude geteilt oder eingefasst werden. Sie können tragende oder nicht-tragende Funktion haben und vielfältigen praktischen Zwecken dienen.

Zu den verschiedenen Arten von Wänden gehören Stützwände, zweischalige Wände, Vorhangwände und Trennwände. Zweischalige Wände bestehen aus zwei parallel gemauerten Wänden mit einem Zwischenraum, der als Wärmeisolierung und Schutz gegen Wasser dient. Vorhangwände bezeichnen befestigte Einfassungsmauern mittelalterlicher Burgen, aber auch Außenwände, die das Gebäude zwar umschließen, jedoch nicht das Dach tragen. Grüne Wände werden seit dem späten 20. Jahrhundert immer üblicher: Sie sind bepflanzt und sollen damit zur Entstehung neuer Lebensräume und zur Verbesserung der Luftqualität beitragen.

Die frühesten Wände bestanden aus Flechtwerk mit grobem Lehmverstrich, Stein oder Backstein. In der Moderne wurden dann Stahlbeton- und Stahl-Glas-Wände entwickelt und häufig eingesetzt. Während die meisten Backstein- und Steinwände mit einer Form von Beton oder Mörtel zusammengehalten werden, sind im Trockenbau errichtete Wände einzig aus sorgfältig ausgewählten, ineinanderpassenden Steinen zusammengefügt.

WICHTIGE ENTWICKLUNGEN

Der Hauptbahnhof Helsinki wurde nach einem Entwurf von Eliel Saarinen (1873–1950) erbaut. Das 1919 eröffnete Gebäude mit seinen eindrucksvollen, mit rosa-grauem finnischen Granit verkleideten Fassaden, ist im finnischen Arts and Crafts-Stil errichtet. Im Innern des Gebäudes ist eine Wand von einem pseudo-romanischen Portal durchbrochen; andere Wände öffnen sich in halbrunden Fenstern.

Hauptbahnhof Helsinki, Eliel Saarinen, 1914–19, Helsinki, Finnland

GRIECHISCHE ARCHITEKTUR **S. 14** PRÄKOLUMBIANISCHE ARCHITEKTUR **S. 13** GOTIK **S. 25** INTERNATIONALER STIL **S. 42** BAUHAUS **S. 43** ALHAMBRA **S. 80** SONNENTEMPEL **S. 88** GROSSE MOSCHEE VON DJENNÉ **S. 126**

Decke

HAUPTVERTRETER: DOMINIKUS ZIMMERMANN • INIGO JONES • JULES HARDOUIN-MANSART
ELIEL UND EERO SAARINEN • PAUL JOHANNES PELZ • SHIGERU BAN

Széchenyi-Thermalbad, Győző Czigler, 1909–1913, Budapest, Ungarn

Sie bedecken die Unterseite von Dachbalken oder die Deckenträger des darüberliegenden Stockwerks – Decken helfen dabei, Räume zu trennen und dienen der Schallisolierung.

Sie bestehen grundsätzlich aus unterschiedlichen Materialien, sind oft aus Holz und Putz gefertigt. Es gibt schmucklose Decken und solche, die mit Malereien, Schnitzarbeiten oder anderen Ornamenten verziert sind. Die Verbindungsstellen von Decke und Wänden sind mal dekoriert, mal werden sie hinter geformtem Putz oder geschnitzten Gesimsen versteckt. Viele mittelalterliche Kathedralen besitzen Gewölbedecken, und manche Decken haben freiliegende Stützbalken.

In der römischen Antike und der Renaissance waren Kassettendecken üblich, deren Vertiefungen Muster bildeten. In der Renaissance gab es vielerlei Ausformungen von Kassettendecken mit reich verzierten Kanten. In der Gotik wurden strukturelle Bauelemente wie Stützbalken häufig bemalt. Im Barock und im Rokoko waren die Decken mit kunstvoll bemalten Reliefs, Schnörkeln und Kränzen verziert.

Abgehängte Decken, auch falsche Decken genannt, schaffen bisweilen Raum für die Versorgungstechnik. Einige Hightech-Gebäude jedoch lassen die strukturierenden und mechanischen Bestandteile des Baus an den Decken bewusst sichtbar.

WICHTIGE ENTWICKLUNGEN

Das Széchenyi-Thermalbad in Budapest wurde nach einem Entwurf von Győző Czigler (1850–1905) erbaut, in dem Neobarock und Neorenaissance verschmelzen. Es wird von zwei Heilquellen mit Wasser versorgt und ist das größte Heilbad Europas. Auf den üppig verzierten Decken sind Wassermetaphern und -allegorien abgebildet, darunter auch Geschichten über Wassergötter und -göttinnen.

RENAISSANCE **S. 26** ROKOKO **S. 30** KLASSIZISMUS **S. 31** POSTMODERNE **S. 47** ALHAMBRA **S. 80**
SCHLOSS VERSAILLES **S. 102** CENTRE POMPIDOU **S. 150**

Tür

HAUPTVERTRETER: KUAI XIANG • JEAN DE CHELLES • PIERRE DE MONTREUIL • WILLIAM VAN ALEN • LORENZO GHIBERTI

WICHTIGE ENTWICKLUNGEN

Türen bilden nicht nur den Ein- und Ausgang eines Gebäudes, sie haben auch eine Schutzfunktion, heißen willkommen oder dienen der Warnung. Der gewaltige Königspalast Dar al-Makhzen im marokkanischen Fes besitzt Messingtüren, die mit Zellige-Fliesen und geschnitztem Zedernholz verziert sind. Es handelt sich um Reproduktionen der Originale aus dem 13. Jahrhundert.

Türen versperren den Weg oder gewähren Zugang zu umschlossenen Räumen. Im Laufe der Zeit haben sie sich, abhängig von Moden, Materialien und Konstruktionsmethoden, drastisch verändert.

Der Stil einer Tür kann dabei helfen, ein Gebäude zu datieren. In der Antike bestanden die meisten Türen aus Holz, etwa die des salomonischen Tempels, der in der Bibel beschrieben wird (1 Kön 6, 31): Sie waren aus Olivenholz gefertigt, mit Schnitzwerk verziert und mit Gold überzogen. Schmucklose Stein- oder Holztüren in altägyptischen Gräbern sollten den Weg in ein Leben nach dem Tod eröffnen. Viele Türen der griechischen und römischen Antike waren ebenfalls unverziert, zumal sie hinter großen Portiken lagen.

In frühchristlicher Zeit kamen Rundbogeneingänge auf; in der islamischen und der gotischen Architektur entwickelten sich die Spitzbogeneingänge. Mittelalterliche Burgen wurden häufig mit Fallgattern geschützt: großen gitterförmigen Toren aus Metall und Holz, die von oben hinabgelassen wurden. Eine weitere Art der gitterförmigen Tür ist die japanische *shoji*: ein Holzrahmen mit dünnen Gitterstreben, der mit lichtdurchlässigem Papier bespannt ist. Von der Renaissance bis zum späten 19. Jahrhundert waren Türen oft schwer und mit Beschlägen versehen, um einen prachtvollen Eindruck zu erwecken. Die Türen des 20. Jahrhunderts waren im Allgemeinen einfacher gestaltet.

Dar al-Makhzen, unbekannter Architekt, 13. Jahrhundert, Fes, Marokko

ISLAMISCHE ARCHITEKTUR **S. 20** GOTIK **S. 25** RENAISSANCE **S. 26** BAROCK **S. 29** KLASSIZISMUS **S. 31**
JUGENDSTIL **S. 36** ART DÉCO **S. 44** KRAK DES CHEVALIERS **S. 76** SCHLOSS VERSAILLES **S. 102**

Fenster

HAUPTVERTRETER: EUGÈNE VIOLLET-LE-DUC • KARL FRIEDRICH SCHINKEL • PHILIP JOHNSON • KISHO KUROKAWA

WICHTIGE ENTWICKLUNGEN

Von den vielen Fensterarten kommen zwei am häufigsten vor: Schiebefenster, die sich vertikal nach oben schieben lassen, und Flügelfenster, die sich zu den Seiten hin öffnen. Während der Renaissance wurden in Frankreich zahlreiche bodentiefe Flügelfenster hergestellt, weshalb diese Form später als „französisches Fenster" bezeichnet wurde. In großen Bauwerken finden sich oft unterschiedliche Fenstertypen. Der Saal der Zwei Schwestern in der Alhambra zum Beispiel hat ein doppelbögiges Gitterfenster.

Alhambra, 1238–1358, unbekannter Architekt, Granada, Spanien

Fenster dienen dazu, Licht und Luft in ein Gebäude zu lassen, tragen aber häufig auch zur dekorativen Gestaltung eines Gebäudes bei.

Im antiken China, Korea und Japan wurden Fenster häufig mit Papier bespannt – Glasscheiben kamen erst in römischer Zeit auf. Frühchristliche und byzantinische Kirchen sowie islamische Moscheen waren mit Glasfenstern ausgestattet, die in Marmor oder Zement eingefasst waren. Gotische Baumeister führten das Buntglas ein, das mit Bleistreben fixiert wurde. Englische Wohnhäuser des 14. Jahrhunderts hatten oft Scheiben aus abgeplattetem Tierhorn. Im 17. Jahrhundert waren Glasfenster weithin Standard geworden. In der Regel bestanden sie aus kleinen, mit Holzrahmen eingefassten Scheiben, die häufig Luftbläschen enthielten, verformt und gewellt waren. Diese Mängel wurden im Laufe des 19. Jahrhunderts weitgehend behoben.

Im späten 20. Jahrhundert wurde das Sicherheitsglas entwickelt, das raumhohe Fenster ermöglichte und für viele Bürogebäude der Moderne verwendet wurde. Auch doppelt und dreifach verglaste Fenster wurden hergestellt; die zusätzlichen Glasschichten dienten der Isolierung. Typisch für den Internationalen Stil sind schlichte Stahlrahmenfenster, die die Horizontale betonen und häufig Fensterbänder ausbilden, die im rechten Winkel um die Gebäudeecken verlaufen.

GOTIK **S. 25** RENAISSANCE **S. 26** BAROCK **S. 29** INTERNATIONALER STIL **S. 42** FELSENDOM **S. 68** KATHEDRALE VON CHARTRES **S. 78** SONNENTEMPEL **S. 88** RED HOUSE **S. 116** WAINWRIGHT BUILDING **S. 122**

Dach

HAUPTVERTRETER: FRANÇOIS MANSART • ANTONI GAUDÍ • CHARLOTTE PERRIAND • JØRN UTZON • FREI OTTO

Casa Battló, Antoni Gaudí, Barcelona, Spanien, 1904–1906

Wie verschiedene andere architektonische Merkmale, kann auch ein Dach Hinweise auf die Entstehungszeit eines Gebäudes geben. Steil aufragende Dächer zum Beispiel wurden in der Regel im Mittelalter, der französischen Renaissance, in der Zeit der Arts and Crafts-Bewegung und während der Neugotik gebaut. Flachdächer dagegen sind kennzeichnend für die Moderne, De Stijl, das Bauhaus und den Internationalen Stil.

Satteldächer und Giebel waren typisch für griechische Tempel, während Hammerbalkengewölbe für gotische Bauten in Europa charakteristisch sind. In der Renaissance kamen in den Benelux-Ländern vielerlei Giebel in Mode, während man in Rom Walmdächer bevorzugte. Bei dem von François Mansart (1598–1666) in Frankreich entworfenen Mansarddach, knicken die Dachschrägen im unteren Teil ab und verlaufen dann nahezu vertikal.

In der asiatischen Architektur hat die Farbe eines Daches bisweilen symbolische Bedeutung: Das schwarze Dach der königlichen Bibliothek, Wenyuange, (1776) in der Verbotenen Stadt in Peking steht für Wasser und sollte im Falle eines Brandes dem Schutz der kostbaren Bücher dienen. Auch wenn manche Dächer vollkommen flach aussehen – alle haben eine leichte Neigung, damit das Wasser ablaufen kann.

WICHTIGE ENTWICKLUNGEN

Die Form eines Daches wird maßgeblich vom lokalen Klima und den vorhandenen Materialien beeinflusst, doch einige Architekten waren ganz besonders kreativ. Das Dach von Antoni Gaudís Casa Batlló (1904–1906) etwa erinnert an den Rücken eines Drachen. Im Dach von Jørn Utzons Opernhaus von Sydney finden die geblähten Segel der im Hafen liegenden Yachten ihr Echo.

GOTIK **S. 25** RENAISSANCE **S. 26** PALLADIANISMUS **S. 28** JUGENDSTIL **S. 36** TEMPEL DER INSCHRIFTEN **S. 64**
RINSHUNKAKU **S. 100** U-BAHN-STATION KARLSPLATZ **S. 124** OPERNHAUS VON SYDNEY **S. 142**

Schornstein

HAUPTVERTRETER: DOMENICO DA CORTONA • MATTHEW DIGBY WYATT • RUDOLF STEINER • ANTONI GAUDÍ

WICHTIGE ENTWICKLUNGEN

Ende des 19. und Anfang des 20. Jahrhunderts wurden die Schornsteine schlichter. Gaudí allerdings schuf einige fantasiereiche Varianten, wie die 28 Schornsteine auf der Casa Milà in Barcelona von 1906–12 (siehe Seite 36), die wie exotische Skulpturen aussehen, aber einen praktischen Zweck erfüllten. Einige dienten dem Rauchabzug, andere der Belüftung.

Hampton Court Palace, unbekannter Architekt, 1515–1694, East Molesey, Großbritannien

Die ersten Schornsteine tauchten im 12. Jahrhundert an großen Wohnhäusern in Nordeuropa auf; üblich wurden sie aber erst 400 Jahre später.

Als die ersten Wohnhäuser mit Schornsteinen gebaut wurden, rückten die Feuerstellen aus der Mitte der Räume in die Wände und der Rauch wurde durch einen Kamin zum Schornstein abgeleitet. Die Wände wurden mit einem System aus Abzugsschächten versehen, damit mehrere Feuerstellen durch denselben Kamin entlüftet werden konnten – häufig befanden sie sich direkt übereinander auf verschiedenen Stockwerken. Einige der ersten Schornsteine wurden auf den Dächern großer Guthäuser errichtet; für gewöhnlich wurden sie nicht innerhalb der Außenwände nach oben geführt, sondern sprangen aus diesen hervor.

Im 15. und 16. Jahrhundert war es unter den Wohlhabenden in ganz Europa in Mode gekommen, Häuser mit ornamentierten Schornsteinen und Kaminen zu versehen, um darüber Reichtum und Ansehen ausdrücken. Sie waren üppig dekoriert, wie das in Stein gehauene Zierwerk am Thornbury Castle, Bristol (1511–1521) und die ornamentierten Beispiele aus rotem Backstein am Hampton Court Palace (1515–1694) zeigen. Nach der industriellen Revolution im späten 18. Jahrhundert wurden hohe, dünne Industrieschornsteine zu einem festen Bestandteil vieler Stadtsilhouetten. Durch sie konnte der Rauch aus den Fabriken abgeleitet und hoch oben in der Atmosphäre verteilt werden.

Balkon

HAUPTVERTRETER: AMBROGIO BUONVICINO • CARL KIHLBERG • ANTONI GAUDÍ • PAUL MANDELSTAMM

Ein Balkon ist eine Plattform, die über dem Bodenniveau aus einem Gebäude herausragt und von einer Balustrade oder einem Geländer eingefasst wird.

Die meisten Balkone werden von Streben oder Konsolen getragen, manche sind aber auch freitragend. Die frühesten Balkone bestanden aus Holz oder Stein, später aus Backstein, und noch später wurden sie dann aus Gusseisen, Stahlbeton oder Sicherheitsglas gefertigt. In der klassischen Architektur wird ein hinter die Außenwand zurückspringender Balkon als Loggia bezeichnet; Innenbalkone werden häufig Galerie genannt.

In Kirchen und großen mittelalterlichen Sälen wurden auf solchen Galerien traditionell Chöre oder Minnesänger untergebracht. In islamischen Ländern werden die Gläubigen vom höchsten Balkon des Minaretts zum Gebet gerufen. In Theatern sind Innenbalkone und Logen mit geneigten Böden gebaut, damit die Zuschauer die Bühne sehen können. Viele öffentliche Gebäude besitzen an ihren Fassaden markante Balkone, von denen aus wichtige Persönlichkeiten Ansprachen halten können oder die bei feierlichen Anlässen genutzt werden, wie beim Petersdom in Rom (siehe Seite 90) oder beim Buckingham-Palast (1703–1855) in London. Manche Architekten haben skulpturale Balkone entworfen: Die der Casa Batlló (1904–1906) in Barcelona von Antoni Gaudí erinnern an Totenköpfe.

Casa di Giulietta, unbekannter Architekt, 13. Jahrhundert, Verona, Italien

WICHTIGE ENTWICKLUNGEN

Im italienischen Verona wird ein Gebäude aus dem 13. Jahrhundert als Wohnhaus der Julia aus Shakespeares Liebesgeschichte von Romeo und Julia beworben. Sein berühmter Balkon wurde in den 1930er Jahren ergänzt – zusammengestückelt aus älteren Fragmenten, die in einem lokalen Museum lagerten. Damit wollte man aus dem touristischen Interesse, das durch eine Hollywood-Adaption entstanden war, Kapital schlagen. Ein Balkon, der gar nicht oder nur minimal aus der Fassade hervortritt, wird als französischer Balkon bezeichnet – in Großbritannien heißt er auch „Juliet balcony".

JAPANISCHE ARCHITEKTUR **S. 18** RENAISSANCE **S. 26** BAROCK **S. 29** ROKOKO **S. 30** KLASSIZISMUS **S. 31**
JUGENDSTIL **S. 36** NACHHALTIGE ARCHITEKTUR **S. 50** RIETVELD-SCHRÖDER-HAUS **S. 128** FALLINGWATER **S. 138**

Arkaden

HAUPTVERTRETER: GIOVANNI BON • BARTOLOMEO BON • GIAN LORENZO BERNINI • BENJAMIN HENRY LATROBE • THOMAS JEFFERSON

Arkaden wurden erstmals in der römischen Antike gebaut. Der Begriff bezeichnet eine von Säulen oder Pfeilern getragene Bogenreihe oder einen überdachten oder nicht überdachten Laufgang, der sich seitlich in mehreren Bögen öffnet.

Zu den frühesten Beispielen zählen die von den Römern erbauten Aquädukte. Später errichteten die Römer große Arkadenwände wie die des Kolosseums mit den 80 Bogenöffnungen auf allen drei Geschossen. Arkaden finden sich auch in der byzantinischen und islamischen Architektur. In gotischen und barocken Kirchen waren die Wände des Mittelschiffs aus großen Arkaden im unteren Teil und darüberliegenden kleineren Arkaden – dem Triforium – aufgebaut.

Die Römer begannen auch, Arkaden für überdachte Laufgänge zu verwenden. Mittelalterliche Kreuzgänge wurden mit solchen Arkaden gebaut, und die meisten islamischen Moscheen besitzen ebenfalls Innenhöfe mit umlaufenden Bogengängen. In Renaissance- und Barockstädten wie Bologna, Padua, Venedig und Turin säumen Arkaden die großen Straßen und Plätze. Später wurde der Begriff auch für umschlossene Einkaufsbereiche verwendet.

Blendarkaden gliedern die Wand nur dekorativ, öffnen sie aber nicht; man findet sie häufig in romanischen Bauten. Kolonnaden haben Ähnlichkeit mit Arkaden: Es handelt sich hierbei um Säulengänge mit waagerechtem Gebälk, wie man es bei griechischen Tempeln findet oder auch in Angkor Wat.

WICHTIGE ENTWICKLUNGEN

Viele venezianische Paläste sind von Arkaden oder Kolonnaden gekennzeichnet, etwa das Ca d'Oro (1428–1430) und der Dogenpalast, bei dem über den Kolonnaden im Erdgeschoss weitere Kolonnaden verlaufen, die sich über die gesamte Fassade erstrecken und eine offene Loggia ausbilden. Die gekrümmten, spitz zulaufenden Bögen ruhen auf Kapitellen, die mit Hunden, Löwen, Vögeln und Akanthusblätterm dekoriert sind.

Dogenpalast, Filippo Calendario, Antonio Rizzo, Antonio da Ponte und Andrea Palladio, 1340–1580, Venedig, Italien

GRIECHISCHE ARCHITEKTUR **S. 14** RÖMISCHE ARCHITEKTUR **S. 16** ISLAMISCHE ARCHITEKTUR **S. 20** GOTIK **S. 25** BAROCK **S. 29** ROKOKO **S. 30** KLASSIZISMUS **S. 31** FELSENDOM **S. 68** KATHEDRALE VON CHARTRES **S. 78**

Kuppel

HAUPTVERTRETER: FILIPPO BRUNELLESCHI • FRANCESCO BORROMINI • GUARINO GUARINI • THOMAS USTICK WALTER • BUCKMINSTER FULLER

Kuppeln sind halbkugelförmige Strukturen, die sich aus Bögen entwickelt haben. Sie traten erstmals im Nahen Osten, Indien und im Mittelmeerraum in Erscheinung.

Die frühesten Beispiele finden sich auf kleineren Bauten und Gräbern. Die Römer waren die Ersten, die große Kuppeln wie die des Pantheons errichteten. In der frühchristlichen und byzantinischen Architektur spielten Kuppeln eine wichtige Rolle. Byzantinische Architekten entwickelten Pendentifs, um die Kuppeln zu stützen, wenn diese über einem viereckigen Unterbau errichtet wurden. In der Renaissance und im Barock wurden viele Kuppeln gebaut, bei denen die Architekten ganz verschiedene Formen durchspielten, etwa das Oval oder die Zwiebelform. Zwiebelkuppeln sind oft höher als breit und wurden zum festen Bestandteil russisch-orthodoxer Kirchen, etwa der Basilius-Kathedrale in Moskau (siehe Seite 94). Sie verbreiteten sich aber auch in Österreich, Tschechien, im Indien der Mogul-Zeit, im Nahen Osten und in Zentralasien.

Nachdem sie vorübergehend an Beliebtheit verloren hatten, wurden Kuppeln im Neoklassizismus erneut populär. Ab dem späten 20. Jahrhundert begannen einige Architekten mit ungewöhnlichen Materialien wie Kunststofffolien oder Fiberglas sowie neuen Einsatzmöglichkeiten wie Arenen oder den „Biomen" des Eden-Projekts (1998–2001) in Cornwall (siehe Seite 211) zu experimentieren. Buckminster Fullers geodätische Kuppeln (siehe Seite 45) sind die einzigen Großkuppeln, die als eigenständige Gebäude direkt auf den Boden gesetzt werden können.

WICHTIGE ENTWICKLUNGEN

1418 wurde in Florenz ein Wettbewerb für die Kuppel der Kathedrale ausgeschrieben, die eine Breite von 46 Metern überspannen sollte. Der Siegerbeitrag von Filippo Brunelleschi war eine oktogonale Kuppel, die ohne temporäres Stützwerk auskommt. Brunelleschi konstruierte eine selbsttragende, halbkugelförmige Backsteinkuppel, über der wiederum die äußere achteckige Kuppel errichtet wurde.

Santa Maria del Fiore,
Filippo Brunelleschi, 1294–1436,
Florenz, Italien

RÖMISCHE ARCHITEKTUR **S. 16** BYZANTINISCHE ARCHITEKTUR **S. 17** RENAISSANCE **S. 26** KLASSIZISMUS **S. 31**
PANTHEON **S. 60** HAGIA SOPHIA **S. 62** FELSENDOM **S. 68** SANTA MARIA DEL FIORE **S. 82** PETERSDOM **S. 90**

Bogen

HAUPTVERTRETER: EDWIN LUTYENS • CHARLES GIRAULT • JOHAN OTTO VON SPRECKELSEN • SANTOS DE CARVALHO • EERO SAARINEN

Rundbögen, die zum Überspannen von Öffnungen und zum Auffangen darüberliegender Lasten verwendet wurden, kamen bei den Römern ausgiebig zum Einsatz – in Viadukten, Aquädukten, Gewölben und Triumphbögen im gesamten Reich.

Ein Bogen wird durch das Gewicht und den Druck aller Steine, aus denen er besteht, zusammengehalten. Einige der frühesten Beispiele wurden in Mesopotamien entdeckt und stammen aus dem 2. Jahrtausend v. Chr. Rundbögen bestehen aus keilförmigen Steinblöcken, die so präzise bearbeitet sind, dass sie glatt aufeinanderliegen, fest gegen die benachbarten Blöcke drücken und diese so an Ort und Stelle halten. Der zentrale Keilstein in der Bogenmitte heißt Schlussstein; Spitzbögen haben keinen Schlussstein.

Der Hufeisenbogen, auch bekannt als maurischer Bogen, wurde erstmals im 7. Jahrhundert von den Westgoten verwendet. Viele Beispiele dieser Bogenform finden sich in der Großen Moschee (784–987 n. Chr.) in Córdoba (siehe Seite 22). Der Hufeisenbogen verbreitete sich in Nordafrika und später in Europa als Element der gotischen Architektur. Typisch für die Gotik waren außerdem der Spitzbogen und der Kielbogen mit seinen konvex und konkav geschwungenen Kanten, die eine übertriebene Spitze ausbilden.

WICHTIGE ENTWICKLUNGEN

Viele Bögen wurden als eigene Monumente erbaut, zum Beispiel der Konstantinsbogen in Rom (315 n. Chr.). Die Grande Arche de la Défense in Paris, die offiziell La Grande Arche de la Fraternité heißt, besteht aus Glas, Beton und Marmor und wurde nach einem Entwurf von Johan Otto von Spreckelsen (1929–1987) und dem Ingenieur Erik Reitzel (1941–2012) als „Triumphbogen für die Menschheit“ erbaut.

La Grande Arche de la Défense, Johan Otto von Spreckelsen, 1985–1989, Paris, Frankreich

RÖMISCHE ARCHITEKTUR **S. 16** HINDUISTISCHE ARCHITEKTUR **S. 19** ISLAMISCHE ARCHITEKTUR **S. 20**
MAURISCHE ARCHITEKTUR **S. 22** ROMANIK **S. 24** GOTIK **S. 25** RENAISSANCE **S. 26** MODERNE **S. 37** FELSENDOM **S. 68**

Turm

HAUPTVERTRETER: GIOTTO DI BONDONE • GUSTAVE EIFFEL • ANTONI GAUDÍ • WILLIAM F. LAMB • SANTIAGO CALATRAVA

Schiefer Turm von Pisa, Diotisalvi und Andrea Pisano, 1173–1372, Pisa, Italien

Vom Wasserturm bis zum Wachturm, vom Wohnturm bis zum Glockenturm und vom Eiffelturm bis zum schiefen Turm von Pisa – Türme sind Gebäude, die mehr in die Höhe als in die Breite reichen.

Traditionell wurden Türme auf Burgen und Gebetsstätten errichtet; sie sollten Macht demonstrieren und von weither sichtbar sein. Türme sind platzsparend, bieten einen guten Überblick und sind leichter zu verteidigen als niedrigere, breitere Gebäude, da man von ihnen aus weit in die Ferne sehen und Angreifer abwehren kann. Im Mittelalter und in der Renaissance beherrschten Türme und Turmhelme auf Kirchen und Moscheen die Silhouetten der Städte. Ab dem frühen 20. Jahrhundert übernahmen Wolkenkratzer diese Rolle.

Der Bau des knapp 305 Meter hohen Eiffelturms in Paris im Jahr 1889 (siehe Seite 208) bewies, dass ein Metallrahmen ein extrem hohes Gebäude tragen konnte. 42 Jahre später erreichte das Empire State Building (siehe Seite 44) in New York eine Höhe von 443 Meter. Sein Mast war ursprünglich als Andockstation für Luftschiffe gedacht.

WICHTIGE ENTWICKLUNGEN

Die für die Christenheit wichtigen Glocken, die die Gläubigen zur Messe oder religiösen Feiern rufen, wurden für gewöhnlich hoch oben in Türmen untergebracht, von wo aus ihr Läuten weithin zu hören war. Einige dieser Türme waren mit einer Kirche verbunden, andere standen frei, so wie der Campanile der Kathedrale von Pisa, der schon während seiner Konstruktion in Schieflage geriet, aufgrund der für den weichen Untergrund ungeeigneten Fundamente.

ISLAMISCHE ARCHITEKTUR **S. 20** GOTIK **S. 25** RENAISSANCE **S. 26** NEUGOTIK **S. 32** ANGKOR WAT **S. 74**
KLOSTER MARIA LAACH **S. 72** SANTA MARIA DEL FIORE **S. 82** SHIBAM **S. 92**

Innenhof

HAUPTVERTRETER: MICHELOZZO • ANDREA PALLADIO • ROBERT ADAM • FRANK LLOYD WRIGHT • TAKERU SHOJI

Ein zum Himmel geöffneter Raum, der von Gebäuden oder einer Mauer umschlossen wird, war über Jahrtausende ein übliches architektonisches Element.

Innenhöfe wurden in zahlreichen Ländern zu unterschiedlichen Zwecken und in verschiedenen Formen – quadratisch, rechteckig oder rund – gebaut. Einige der frühesten Innenhöfe wurden um 3000 v. Chr. in Iran, Indien und China angelegt. Man findet sie in Gebieten mit gemäßigtem wie mit kühlem Klima, denn sie sorgen für Frischluft, Licht, Privatsphäre und vermitteln häufig ein Gefühl von Ruhe. In der islamischen und maurischen Architektur im Nahen Osten und in Spanien sind Innenhöfe als Orte der Ruhe und der Privatheit ein häufig auftretendes Element im Zentrum von Palastanlagen und anderen Großbauten.

Zu den architektonischen Merkmalen dieser Innenhöfe gehören ein zentraler Brunnen oder Bäume sowie umgebende Bögen oder Arkaden. In manchen islamischen Kulturen waren solche Innenhöfe der einizige Ort, an dem Frauen außerhalb des Gebäudes ungestört entspannen konnten. Traditionelle chinesische Innenhöfe werden häufig aus individuellen, um einen Platz angelegten Häusern gebildet. Es sind ungestörte, ruhige Orte, die fast immer über einen Garten und ein Wasserspiel verfügen.

WICHTIGE ENTWICKLUNGEN

Der Alcázar, ein spektakuläres Beispiel der Mudéjar-Architektur, ist ein Königspalast, der vornehmlich für die christlichen Könige von Kastilien und León errichtet wurde. Sein Patio de las Doncellas (dt. Innenhof der Jungfrauen) ist nach einer Legende benannt, die berichtet, dass die Mauren jedes Jahr 100 Jungfrauen von den christlichen Königreichen der iberischen Halbinsel einforderten. In der Mitte dieses Innenhofs befindet sich ein großes, rechteckiges Wasserbecken, das seitlich von niedriger gelegenen Gärten eingefasst wird.

Patio de las Doncellas, Alcázar, unbekannter Architekt (untere Etage) und Luis de Vega (obere Etage), ca. 1364–1572, Sevilla, Spanien

ISLAMISCHE ARCHITEKTUR **S. 20** MAURISCHE ARCHITEKTUR **S. 22** RENAISSANCE **S. 26** MOGUL-ARCHITEKTUR **S. 27** BAROCK **S. 29** KLASSIZISMUS **S. 31** KRAK DES CHEVALIERS **S. 76** SCHLOSS VERSAILLES **S. 102**

Treppe

HAUPTVERTRETER: DONATO BRAMANTE • MICHELANGELO BUONARROTI • ANTONIO DA SANGALLO DER JÜNGERE • LUIGI VANVITELLI • GIUSEPPE MOMO • HERZOG & DE MEURON

Treppen finden sich in einigen der ältesten erhaltenen Bauwerke, etwa dem Palast von Knossos auf Kreta, der um 1500 v. Chr. entstand. Sie können Hinweise auf die Entstehungszeit eines Gebäudes liefern.

Die Römer führten die Wendeltreppe und tonnengewölbte, von Wänden umschlossene Treppen ein. Viele mittelalterliche Burgen besaßen Spindeltreppen, die sich in engen Turmbauten um eine zentrale Spindel herum nach oben wanden. Meist führten sie im Uhrzeigersinn nach oben, um den Verteidigern mit ihren Schwertern größere Bewegungsfreiheit zu ermöglichen und rechtshändige Angreifer zu behindern.

1524 entwarf Michelangelo eine breite offene Innentreppe für die Laurentianische Bibliothek in Florenz (1525–1571), die viele nachfolgende Treppenentwürfe beeinflusste. Dramatische Treppen wurden zu einem charakteristischen Stilelement großer Barockbauten. Traditionell wurden Treppen aus Holz, Stein oder Marmor erbaut. Der Einsatz von Stahl und Stahlbeton eröffnete Ende des 19. Jahrhunderts neue Möglichkeiten. Zu den ungewöhnlichen Treppen zählen die von Richard Rogers Partnership entworfene im Londoner Tower Bridge House (2006) sowie die 2004 von dem Künstler Olafur Eliasson (geb. 1967) errichtete Wendeltreppe „Umschreibung“ in München.

WICHTIGE ENTWICKLUNGEN

In der Renaissance wurden doppelläufige Wendeltreppen entwickelt, die aus zwei Treppenläufen mit versetzen An- und Austritten bestehen. Eines der spektakulärsten Beispiele, das oft Leonardo da Vinci (1452–1519) zugeschrieben wird, findet sich im Château de Chambord (1519–1547). Die doppeläufige Wendeltreppe in der Villa Belvedere in Rom wurde 1505 von Donato Bramante entworfen und inspirierte Antonio da Sangallo den Jüngeren bei seinem Entwurf für den Brunnen von San Patrizio in Orvieto (1527).

Bramante-Treppe, Donato Bramante, 1505, Villa Belvedere, Rom, Italien

ROMANIK **S. 24** RENAISSANCE **S. 26** PALLADIANISMUS **S. 28** BAROCK **S. 29** JUGENDSTIL **S. 36**
TEMPEL DER INSCHRIFTEN **S. 64** PRAMBANAN **S. 70** DOGENPALAST **S. 86**

Säule

HAUPTVERTRETER: VITRUV • ANDREA PALLADIO • JOHN ADAMS FRANK • THOMAS JEFFERSON • JAMES HOBAN

Dekorativ, funktional oder beides – Säulen sind senkrechte Stützen, die aus einer Basis, einem zylindrischen Schaft und einem Kapitell am oberen Ende bestehen.

In der Architektur werden Säulen für gewöhnlich zum Abstützen von Dächern, Stürzen oder Gebälk genutzt. Bei den Römern entwickelte sich aber auch die Praxis, auf alleinstehenden Säulen Gedenkstatuen zu errichten. Die meisten Säulen bestehen aus Stein und sind aus mehreren Säulentrommeln zusammengesetzt, die mit Mörtel oder über Dübel in der Trommelmitte verbunden werden. Holz- oder Metallstützen sind zwar Säulen ähnlich, werden aber eher als Pfosten oder Pfeiler bezeichnet.

Basis und Schaft der Säule helfen, die zu tragende Last zu verteilen. Die meisten klassischen Säulen sind durch eine Entasis gekennzeichnet, also eine leichte Schwellung in der Schaftmitte, und verjüngen sich nach oben hin, wodurch sie höher und gerader wirken.

Antike griechische und römische Säulen folgten den drei Ordnungen: dorisch, ionisch und korinthisch. Die Römer ergänzten noch zwei weitere: die toskanische und die Kompositordnung. Die toskanische Ordnung ist die schmuckloseste aller fünf Varianten, während Kompositsäulen sowohl ionische Voluten als auch korinthische Akanthusblätter aufweisen.

WICHTIGE ENTWICKLUNGEN

Der ursprüngliche Entwurf für das Weiße Haus, den offziellen Wohn- und Amtssitz des amerikanischen Präsidenten, stammt von James Hoban aus dem Jahr 1792. In den 1820er Jahren wurde an der Nord- und der Südfassade je ein klassizistischer Portikus ergänzt, den Hoban zusammen mit Benjamin Henry Latrobe entworfen hatte. Die schlanken ionischen Säulen auf beiden Seiten sind Ausdruck von Eleganz und Macht gleichermaßen.

Weißes Haus, James Hoban, Thomas Jefferson und Benjamin Henry Latrobe, 1792–1829, Washington, DC, USA

GRIECHISCHE ARCHITEKTUR **S. 14** RÖMISCHE ARCHITEKTUR **S. 16** PALLADIANISMUS **S. 28**
KLASSIZISMUS **S. 31** PARTHENON **S. 56** PANTHEON **S. 60** FELSENDOM **S. 68** KAPITOL **S. 112**

Strebewerk

HAUPTVERTRETER: JEAN D'ORBAIS • WILLIAM JOY • MEISTER GERHARD • MATTHÄUS BÖBLINGER

Das Strebewerk stützt ein Gebäude von außen. In der Regel ist es gemauert, springt aus der Wand hervor und verstärkt sie.

Mesopotamische Tempel und antike römische und byzantinische Bauwerke wurden für gewöhnlich mit einfachen vertikalen Pilastern oder Strebepfeilern versehen, die die Wände an besonders schwachen Stellen verstärkten. Als Konstruktionselement wird Strebewerk besonders mit der gotischen Architektur verbunden, vor allem durch die Erfindung der Strebebögen. Diese schräg ansteigenden Bögen leiten den Schub des Mittelschiff- oder Chorgewölbes an statisch gefährdeten Stellen auf Strebepfeiler ab. Sie beginnen am oberen Ende der Wände, dort, wo die Rippengewölbe den Schub des Daches hinleiten, und führen diesen vom Gebäude weg zu den Strebepfeilern, die sich an den Außenwänden der Seitenschiffe bis zum Boden fortsetzen. Die Verlagerung der tragenden Elemente in den Außenbau ermöglichte den Bau riesiger Kirchen mit höheren Decken, dünneren Wänden und größeren Fenstern. Die schwere Steinkonstruktion, die für die Gewölbedecken nötig war, übte auf die Außenmauern solcher Gebäude enormen Druck aus; Strebebögen wirkten diesen Schubkräften entgegen. Eckstrebepfeiler stehen dort, wo zwei Wände aufeinandertreffen.

WICHTIGE ENTWICKLUNGEN

Strebebögen tragen zum extravaganten Erscheinungsbild vieler gotischer Kathedralen in Nordeuropa bei. Die von Notre Dame in Paris (ca. 1163–1345) sind schwer und dramatisch; die der Kathedralen in Amiens (1220–1270) und Quimper dagegen sind zarter. Wer sie erfunden hat, ist nicht bekannt, doch dank dieser Erfindung konnten Architekten die Fenster vergrößern und ihren Bauwerken ein leichteres, überirdisches Aussehen verleihen.

Kathedrale von Quimper, unbekannter Architekt, 1239–1493, Bretagne, Frankreich

RÖMISCHE ARCHITEKTUR **S. 16** BYZANTINISCHE ARCHITEKTUR **S. 17** GOTIK **S. 25**
RENAISSANCE **S. 26** KATHEDRALE VON CHARTRES **S. 78**

Giebel

HAUPTVERTRETER: GEORGE GILBERT SCOTT • PHILIP WEBB • J. J. STEVENSON • C. F. A. VOYSEY

Ein Giebel ist der dreieckige Wandabschnitt, der zu beiden Seiten von den Dachflächen eines Satteldachs begrenzt wird.

Giebel waren ein Stilmerkmal griechischer Tempel. Ein Frontgiebel bezeichnet den Giebel an der Stirnseite eines Hauses, während man an den Gebäudeseiten von Quergiebeln spricht. Häuser mit Kreuzgiebeldach haben zu allen Seiten hin Giebel. Giebelgauben sind ins Dach eingelassene giebelförmige Fenster. Es gibt Giebel, die mit dem Dach abschließen und sogenannte freie Giebel, die darüber hinausragen.

In Nord- und Westeuropa, wo hoch aufragende Satteldächer verbreitet sind, haben Frontgiebel häufig getreppte oder geschwungene Formen, so zum Beispiel in Antwerpen, Tübingen, Amsterdam und Tallinn. Der Staffelgiebel, auch als Katzentreppe bekannt, ist stufenförmig angelegt. In der traditionellen Architektur Ostasiens waren Giebel ein wichtiges Stilmerkmal und häufig mit hervorspringenden Dachziegeln, Statuen und Schnitzereien verziert. Steilgiebel waren in der englischen Tudorzeit und Gotik sowie im 19. Jahrhundert in Amerika üblich. Dort übernahm die Carpenter Gothic Elemente der Neugotik, insbesondere Spitzbögen und Dächer, die hohe Giebel ausbilden.

WICHTIGE ENTWICKLUNGEN

Zu den frühesten und kunstvollsten Beispielen von Gebäuden mit freien Giebeln gehören die spätmittelalterlichen Bürgerhäuser von Amsterdam. Niederländische oder flämische Giebel, die häufig geschwungene Umrisse aufweisen, tauchten erstmals in der Renaissance auf und hielten sich bis in die Barockzeit. Der Stil verbreitete sich auch über Europa hinaus in so weit entfernte Länder wie Barbados und Südafrika.

Giebelhäuser, unbekannte Architekten, ca. 17.–18. Jahrhundert, Amsterdam, Niederlande

GOTIK **S. 25** RENAISSANCE **S. 26** BAROCK **S. 29** NEUGOTIK **S. 32** HANCOCK SHAKER VILLAGE **S. 110**

Atrium

HAUPTVERTRETER: GEORGES CHEDANNE • FERDINAND CHANUT • CHARLES BARRY • SUMNER HUNT • GEORGE WYMAN • TOM WRIGHT

Galeries Lafayette,
Georges Chedanne und Ferdinand Chanut, 1907–1912, Paris, Frankreich

WICHTIGE ENTWICKLUNGEN

Heute wird der Begriff Atrium in der Regel auf einen zentralen, von Tageslicht erhellten Hof angewendet, um den sich mehrere Stockwerke mit Galerien und Räumen erheben, die sich zum Atrium öffnen. Als Georges Chedanne (1861–1940) und Ferdinand Chanut (1872–1948) die Galeries Lafayette in Paris von 1907 bis 1912 renovierten, errichteten sie auch ein riesiges Jugendstil-Atrium mit einer Kuppel aus Glas und Stahl.

Ein Atrium ist ein großer, von Wänden oder weiteren Räumen umgebener Raum, der bisweilen nach oben offen, aber meistens mit Glas bedeckt ist.

Antike römische Gebäude verfügten im Allgemeinen über ein Atrium. Der rechteckige Raum bildete das Herzstück großer Häuser oder Villen und besaß häufig ein *compluvium* – eine Öffnung in der Mitte der Decke, durch die Regen und Tageslicht hereinkamen. Vom Atrium aus erreichte man die übrigen Räume ringsum. In der Mitte des Atriums befand sich das *impluvium*, ein flaches Becken zum Auffangen von Regenwasser, das direkt unter dem *compluvium* lag. Das römische Atrium war für gewöhnlich der am aufwendigsten möblierte Raum des Hauses. Hier fanden sich zudem *lararium* (kleine Kapelle), *arca* (Geldkasse) und manchmal eine Büste des Hausherrn.

Vor dem Haupteingang des Petersdoms in Rom findet sich ein großes, überdachtes von Säulenportiken umgebendes Atrium, das auf einen Entwurf von Maderno zurückgeht. Atrien mit Glasdach wurden im späten 19. und frühen 20. Jahrhundert populär. Die Lichtveränderungen, die man durch das Glasdach auch im Innern des Gebäudes wahrnimmt, vermitteln ein Gefühl von Weite und Dynamik.

RÖMISCHE ARCHITEKTUR **S. 16** BYZANTINISCHE ARCHITEKTUR **S. 17** ROMANIK **S. 24** RENAISSANCE **S. 26**
KLASSIZISMUS **S. 31** JUGENDSTIL **S. 36** KLOSTER MARIA LAACH **S. 72** PETERSDOM **S. 90**

Gesims

HAUPTVERTRETER: GIAN LORENZO BERNINI • CHRISTOPHER WREN • BALDASSARE LONGHENA • DOMINIKUS ZIMMERMANN • JOHANN BAPTIST ZIMMERMANN

WICHTIGE ENTWICKLUNGEN

Viele Bauwerke sind für ihre reich ornamentierten Gesimse bekannt, insbesondere Paläste und Kirchen der Renaissance, des Barock und des Rokoko. Dazu zählen die kunstvolle Rokoko-Decke der Wieskirche in Bayern und der Innenraum der Saint Paul's Cathedral in London. Die Bogengänge, Wände und Decken beider Gebäude sind mit komplexen, häufig vergoldeten Gesimsen versehen.

Kirche St. Peter und Paul, Jan Zaor und Giovanni Battista Frediani, 1701, Vilnius, Litauen

Ein Gesims ist ein waagerecht aus der Wand hervorspringer, für gewöhnlich profilierter Streifen, der als Gestaltungselement dient. Gesimse wurden in vielen Ländern und für vielerlei Gebäude genutzt.

Traditionell sollten Gesimse Ansehen oder Eleganz ausdrücken, Verbindungsstellen verstärken und schützen oder andere architektonische Elemente hervorheben, verstecken oder dekorieren. Häufig dienen sie dem Verschönern der Kanten eines Vorsprungs oder kaschieren die Übergänge zwischen verschiedenen Oberflächen. Normalerweise bestehen sie aus Holz, Gips oder Zement. Im antiken Griechenland und Rom wurden sie aus Marmor oder anderem Stein gefertigt. Gesimse können schmucklos sein oder mit Mustern verziert, etwa dem Flechtmuster, das an verdrehte Seile erinnert; dem Perlstabmuster, das aufgefädelten Perlen gleicht; oder dem Eierstabmuster, das aussieht wie eine Reihe von Eiern mit eingestreuten Pfeilen. Die alten Ägypter nutzten zwei Arten von Gesimsen: die Hohlkehle (eine konkav gerundete Form an der oberen Gebäudekante von Tempeln und dekorativen Schreinen) und den Torus (eine wulstartige halbrunde Form über dem Architrav).

Die Griechen schöpften die dekorativen Möglichkeiten von Gesimsen als Erste aus und von da an wurden die meisten Bauwerke mit Gesimsen versehen. In der schmucklosen Ästhetik des Internationalen Stils, der High-tech- und der minimalistischen Architektur ist dieses Element normalerweise nicht zu finden.

GRIECHISCHE ARCHITEKTUR **S. 14** RÖMISCHE ARCHITEKTUR **S. 16** ROMANIK **S. 24** GOTIK **S. 25** RENAISSANCE **S. 26** BAROCK **S. 29** ROKOKO **S. 30** JUGENDSTIL **S. 36** SAINT PAUL'S CATHEDRAL **S. 106** WIESKIRCHE **S. 108**

Kirchenschiff

HAUPTVERTRETER: CARLO MADERNO • GIAN LORENZO BERNINI • FRANCESCO BORROMINI • CHRISTOPHER WREN • ANTONI GAUDÍ

Sagrada Família, Antoni Gaudí, nach 1881, Barcelona, Spanien

Der wichtigste Bauteil einer Kirche ist das Mittelschiff, das christliche Baumeister aus der Form der römischen Basilika übernahmen. Hier findet die Gemeinde Platz.

Traditionell wurden Kirchen und Kathedralen von Osten nach Westen errichtet, wobei das Langhaus, also die Gesamtheit von Mittelschiff und Seitenschiffen, im westlichen Teil lag. Das östliche Ende war den Geistlichen vorbehalten, die hier die Gottesdienste abhielten. Die Bezeichnung „Schiff", die vom gleichbedeutenden lateinischen „navis" abgeleitet ist, rührt daher, dass man im Mittelalter der Ansicht war, das Kirchenschiff gleiche dem umgedrehten Unterbau eines Schiffes.

Die antiken römischen Bauten, aus denen sich das Kirchenschiff entwickelte, waren öffentliche Hallen, die für Geschäfte und Gerichtsverhandlungen genutzt wurden. Sie boten ein ideales Vorbild für frühe christliche Kirchen, da auch diese einen großen, zentralen Bereich benötigten, in dem Pilger sich treffen und Neuigkeiten austauschen konnten. Das große Mittelschiff wird in der Regel von kleineren Seitenschiffen flankiert. Häufig werden die Laien im Mittelschiff durch einen Lettner, ein kunstvoll verziertes Trennelement aus Holz oder Stein, von den betenden und singenden Priestern und Mönchen im Chor abgegrenzt.

WICHTIGE ENTWICKLUNGEN

In seinem Entwurf der Sagrada Família bediente sich Antoni Gaudí gotischer und maurischer Einflüsse, die er mit eigenen Ideen sowie Anleihen aus Spanien, Asien und dem Nahen Osten verschmolz. Die Kirche erhebt sich über der Form eines lateinischen Kreuzes und besitzt fünf Schiffe. Das Mittelschiff ragt 45 Meter empor, die Seitenschiffe sind 30 Meter hoch.

BYZANTINISCHE ARCHITEKTUR **S. 17** ROMANIK **S. 24** GOTIK **S. 25** RENAISSANCE **S. 26** BAROCK **S. 29**
ROKOKO **S. 30** KLOSTER MARIA LAACH **S. 72** SANTA MARIA DEL FIORE **S. 82** SAINT PAUL'S CATHEDRAL **S. 106**

Gewölbe

HAUPTVERTRETER: DOMINIKUS BÖHM • HUGUES LIBERGIER • PETER PARLER • HUGUET

Gewölbe bestehen aus Bögen, die gekrümmte Innenräume bilden. Sie wurden zuerst von den alten Ägyptern erbaut.

Populär wurden Gewölbe im alten Rom sowie in der christlichen, byzantinischen und romanischen Architektur. Die Römer errichteten häufig Tonnengewölbe. Diese besitzen einen halbkreisförmigen Querschnitt und erstrecken sich über die gesamte Länge eines Gebäudes. Das Kreuzgratgewölbe wurde aus zwei sich kreuzenden Tonnengewölben entwickelt. Im 12. Jahrhundert entdeckten gotische Baumeister, dass Kreuzgratgewölbe durch zusätzliche Rippen verstärkt werden konnten. Diese liefen in Spitzbögen zusammen, die steiler oder weiter ausfallen konnten und damit den Bau breiterer Gewölbe ermöglichten.

Ab dem 13. Jahrhundert wurden Rippengewölbe durch Hinzufügen weiterer Rippen immer komplexer. Als Symbol für das Himmelsgewölbe waren Gewölbe im Kirchen- und Kathedralbau sehr beliebt. In der Renaissance und im Barock experimentierten Architekten mit Gewölbekonstruktionen aus Holzlatten, die dann mit Putz verkleidet wurden. Diese leichtere Bauweise ermöglichte größere Gewölbe mit sanften, nahezu skulptural geschwungenen Formen. Im 19. Jahrhundert kamen vermehrt Eisenrippen zum Einsatz.

WICHTIGE ENTWICKLUNGEN

Das zweigeschossige achteckige Kapitelhaus der Kathedrale von Wells wurde in zwei Phasen im späten 13. und frühen 14. Jahrhundert erbaut. Über dem zentralen Mittelpfeiler spannt sich ein Fächergewölbe, das wegen seines Erscheinungsbildes auch Palmengewölbe genannt wird. Rund um den Mittelpfeiler ragen marmorne Säulenschäfte zu einem gemeinsamen Kapitell empor, das mit Eicheln und Eichenblättern verziert ist.

Kapitelhaus, Kathedrale von Wells, unbekannter Architekt, 1286–1306, Somerset, Großbritannien

BYZANTINISCHE ARCHITEKTUR **S. 17** ROMANIK **S. 24** GOTIK **S. 25** RENAISSANCE **S. 26** BAROCK **S. 29** ROKOKO **S. 30** JUGENDSTIL **S. 36** KATHEDRALE VON CHARTRES **S. 78**

Turmhelm

HAUPTVERTRETER: JEAN D'ORBAIS • HUGUES LIBERGIER • ROBERT DE COUCY • ANTONI GAUDÍ

Als Turmhelm oder einfach Helm bezeichnet man den spitz zulaufenden oberen Abschluss eines Turmes.

Turmhelme traten erstmals im 12. Jahrhundert an Sakralbauten in Erscheinung: Sie sollten gen Himmel weisen und von weither sichtbar sein. Um ihr Gewicht und den Windwiderstand zu reduzieren, wurden sie zum Teil aus filigranem Maßwerk gestaltet. Die Kathedrale von Chartres besitzt am westlichen Ende zwei Turmhelme; der eine wurde 1160 im frühgotischen Stil errichtet, der andere im 16. Jahrhundert im Flamboyant-Stil. In der Gotik und der Renaissance waren Turmhelme übliche Bauelemente, verschwanden dann aber weitestgehend bis zum 19. Jahrhundert.

1822 erbaute John Nash die All Souls Church in London in Form eines kreisrunden klassischen Tempels mit einem Turmhelm, der von korinthischen Säulen getragen wurde. In Westbengalen wurde 1855 der Dakshineswar-Tempel (siehe Seite 19) mit seinen neun Turmhelmen errichtet. Die Weiterentwicklung der Technologie und Bautechnik ermöglichte eine größere Anzahl an Turmhelmen. Gaudí entwarf für seine Sagrada Família in Barcelona 18 Turmhelme. Der Central Tower am Londoner Palace of Westminster, der als Luftschacht konzipiert wurde, trägt ebenfalls einen Turmhelm. Ab 1930 wurden auch Wolkenkratzer mit Turmhelmen versehen, häufig nur, um ihre Höhe zu steigern.

Olaikirche, unbekannter Architekt, ca. 12.–16. Jahrhundert, Tallinn, Estland

WICHTIGE ENTWICKLUNGEN

Die im 12. Jahrhundert erbaute und in den nachfolgenden Jahrhunderten immer wieder umgebaute Olaikirche in Tallinn war eines der höchsten Gebäude der Welt, als im frühen 16. Jahrhundert der original gotische Turmhelm fertiggestellt wurde. Nach mehreren Wiederaufbauten erreicht er heute eine Höhe von 124 Metern.

GOTIK **S. 25** NEUGOTIK **S. 32** ART DÉCO **S. 44** KATHEDRALE VON CHARTRES **S. 78**
PALACE OF WESTMINSTER **S. 114** SAGRADA FAMÍLIA **S. 120** CHRYSLER BUILDING **S. 132**

Minarett

HAUPTVERTRETER: MIMAR SINAN • EMRE AROLAT • MARINA TABASSUM

WICHTIGE ENTWICKLUNGEN

Die Moschee in Kota Kinabalu ist die zweitwichtigste Moschee im malaysischen Bundesstaat Sabah. Ihre architektonische Form orientiert sich an der Prophetenmoschee, der zweitheiligsten Stätte der islamischen Welt, die 622 n. Chr. in Medina, Saudi-Arabien, erbaut wurde. Ihre blau-goldene Kuppel ist von ähnlicher arabischer Architektur inspiriert.

Moschee von Kota Kinabalu,
unbekannter Architekt, 1989–2000,
Sabah, Malaysia

Minarette sind schlanke, mit einer Moschee verbundene oder in deren Nähe stehende Türme, von denen aus die Gläubigen fünf Mal am Tag zum Gebet gerufen werden. Der Name ist vom arabischen *manāra* (Leuchtturm) abgeleitet.

Wenngleich Minarette regional und je nach Entstehungszeit variieren, sind doch die meisten aus einer Basis, einem Schaft und einer Galerie gebildet. Sie ragen in mehreren, durch umlaufende Balkone gegliederten Geschossen über rundem, sechseckigem oder achteckigem Grundriss empor. Die meisten Minarette besitzen eine innenliegende Treppe; gelegentlich verlaufen die Treppen aber auch außen. Den oberen Abschluss bildet eine zwiebelartige Kuppel, ein offener Pavillon oder eine kegelförmige Spitze mit Metalldach, von wo der Muezzin zum Gebet ruft. Die oberen Geschosse sind für gewöhnlich dekorativ verziert. Eine weitere Funktion des Minaretts bestand in der Belüftung der Moschee.

Die von weither sichtbaren Minarette sind über einem quadratischen oder runden Unterbau errichtet. Die Vielfalt ihrer Formen reicht von dicken Spiralrampen, wie bei der von 848 bis 51 n. Chr. erbauten Moschee im irakischen Samarra (siehe Seite 20), bis hin zu feingliedrig in den Himmel ragenden im türkischen Istanbul (siehe Seite 198). Das früheste erhaltene Minarett wurde um 836 n. Chr. für die Große Moschee in Kairouan, Tunesien, errichtet.

BYZANTINISCHE ARCHITEKTUR **S. 17** ISLAMISCHE ARCHITEKTUR **S. 20** MAURISCHE ARCHITEKTUR **S. 22**
HAGIA SOPHIA **S. 62** GROßE MOSCHEE VON DJENNÉ **S. 126**

Portikus/Portal

HAUPTVERTRETER: FAMILIE GAGINI • ANDREA PALLADIO • ROBERT ADAM • JACQUES-GERMAIN SOUFFLOT • LANCELOT „CAPABILITY" BROWN • THOMAS JEFFERSON

Ein Portikus ist ein von Säulen oder Pfeilern getragener, überdachter Vorbau vor dem Haupteingang eines Gebäudes, über dem sich meist ein Dreiecksgiebel erhabt, der auf einem waagerechten Gebälk ruht. In der Antike bezeichnete der Begriff zudem einen Säulengang.

Die frühesten Portiken bildeten den Eingang zu griechischen Tempeln; sie übten großen Einfluss auf nachfolgende Architekturstile aus. Die Portiken griechischer und römischer Tempel verfügten über eine bestimmte Anzahl von Säulen (acht, sechs oder vier), die in festen Abständen zueinander angeordnet waren. Der Tempel des Portunus in Rom zum Beispiel (ursprünglich ca. 3.–4. Jahrhundert v. Chr., Wiederaufbau 120–80 v. Chr.) besitzt einen Portikus mit vier ionischen Säulen. Eine gerade Anzahl an Säulen ging einher mit einer ungeraden Anzahl an Räumen, weshalb die mittleren beiden Säulen häufig die Eingangstür rahmten. Ein Portikus, der „in antis" konzipiert ist, wird von vorgezogenen Seitenwänden (Anten) eingefasst, die an der Stirnseite mit eckigen Antepfeilern abschließen.

In der indischen Architektur zur Zeit der Gupta-Dynastie (ca. 319–550 n. Chr.) wurden – meist üppig dekorierte – Säulenportale zu einem wichtigen Element von Tempeln. Bis heute sind Portale ein wichtiger Aspekt öffentlicher und privater Bauten weltweit.

Croome Court, Lancelot „Capability" Brown, 1751–1760, Worcestershire, Großbritannien

WICHTIGE ENTWICKLUNGEN

Das englische Landhaus ist ein großes Haus oder Gut im ländlichen England. Viele von ihnen wurden im palladianischen oder klassizistischen Stil mit großen Portiken errichtet. Das palladianische Landhaus Croome Court wurde maßgeblich von Lancelot „Capability" Brown (ca. 1715–1783) entworfen. An der Südfassade findet sich ein Portikus mit vier ionischen Säulen.

GRIECHISCHE ARCHITEKTUR **S. 14** RÖMISCHE ARCHITEKTUR **S. 16** RENAISSANCE **S. 26** PALLADIANISMUS **S. 28** KLASSIZISMUS **S. 31** PANTHEON **S. 60** KLOSTER MARIA LAACH **S. 72** DOGENPALAST **S. 86** VILLA LA ROTONDA **S. 96**

Terrasse

HAUPTVERTRETER: INIGO JONES • ROBERT ADAM • JOHN NASH • LUDWIG MIES VAN DER ROHE • PHILIP JOHNSON

Terrassen sind erhöhte, offene Außenplattformen, die mit dem Gebäude verbunden sind oder sich in nächster Nähe dazu befinden. Seit der Antike wurden sie weltweit in ganz unterschiedlichen architektonischen Stilen errichtet.

Je nach geographischer Lage und Zeitalter variiert die Gestaltung und Nutzung der stets unter freiem Himmel liegenden Terrasse in Stil, Konstruktionsmethode, Materialien und Dimensionen. Im alten Ägypten und im maurischen Spanien zum Beispiel waren Häuser oft mit Dachterrassen ausgestattet. Bei griechischen und römischen Tempeln erstreckten sich die großen Terrassen im Allgemeinen vor den Portiken. Auch assyrische und persische Paläste verfügten über große Terrassen. Eines der Sieben Weltwunder der Antike, die hängenden Gärten von Babylon (ca. 7. Jahrhundert v. Chr.), waren vermutlich aus gestuften Terrassen gebildet. Traditionelle buddhistische, Hindu- und Jain-Tempel waren terrassiert, ebenso Maya-Paläste wie der in Palenque. Die wichtigsten Gebäude der Verbotenen Stadt in Peking (1406–1420), die dem chinesischen Kaiser von 1420 bis 1912 als Palast dienten, sind in der Regel mit Marmorterrassen ausgestattet. In der Renaissance und darüber hinaus verfügten viele große Bauten über Dachterrassen oder an die Gebäuderückseite angegliederte Terrassen, von denen man über prachtvolle Treppen in die Gärten gelangte.

WICHTIGE ENTWICKLUNGEN

Das Farnsworth House ist ein von Mies van der Rohe entworfenes Einraum-Wochenendhaus im Internationalen Stil. Es ist rundum mit raumhohen, durchsichtigen Scheiben verglast; Boden und Decke sind aus horizontalen Platten gebildet. Wegen der Hochwassergefahr steht das Haus erhöht auf Stahlträgern. Eine weitere Platte dient als Terrasse, die über zwei breite Treppen mit dem Haus und dem Boden verbunden ist.

Farnsworth House, Ludwig Mies van der Rohe, 1951, Illinois, USA

ÄGYPTISCHE ARCHITEKTUR **S. 12** PRÄKOLUMBIANISCHE ARCHITEKTUR **S. 13** BUDDHISTISCHE ARCHITEKTUR **S. 15** KHMER-ARCHITEKTUR **S. 23** RENAISSANCE **S. 26** INTERNATIONALER STIL **S. 42** BOSCO VERTICALE **S. 158**

Pilotis

HAUPTVERTRETER: LE CORBUSIER • PATRICK GWYNNE • ZEEV RECHTER • PAUL RUDOLPH

Pilotis sind Säulen oder Pfeiler aus Eisen, Stahl oder Stahlbeton, die ein Gebäude über den Boden oder das Wasser emporheben.

Frühe Beispiele für eine Bauweise mit Pilotis sind über dem Wasser errichtete Fischerhütten in Teilen von Asien und Skandinavien. Statt auf einem Erdgeschoss stehen diese Gebäude auf hölzernen Stelzen. Auch in jenen Teilen der Welt, die regelmäßig von Hurrikanen und Überschwemmungen heimgesucht werden, ist eine solche Architektur üblich. Auf unebenem Gelände, etwa bei einer Hanglage, werden Pilotis nur unter einem Teil des Gebäudes verwendet.

In der Regel werden Pilotis rasterförmig arrangiert, um das Gebäude gleichmäßig anzuheben. Sie können aber auch Raum für Fahrbahnen und Parkplätze aussparen. Ästhetisch betrachtet können sie dem Gebäude ein leichteres Erscheinungsbild geben und ein Gefühl des Schwebens erzeugen. 1923 erklärte Le Corbusier, dass Gebäude die Effizienz einer Maschine haben sollten und in seinen „Fünf Punkte zu einer neuen Architektur“ in der Schrift *Vers une architecture* (*Ausblick auf eine Architektur*) brachte er die Notwendigkeit von Pilotis zum Ausdruck. Mehrere seiner Entwürfe enthalten Pilotis, etwa die Dom-Ino-Häuser von 1914 und die Unité d'Habitation in Marseille von 1947–1952.

WICHTIGE ENTWICKLUNGEN

Bekannte Beispiele für Pilotis in der modernen Architektur sind das von Patrick Gwynne (1913–2003) entworfene Homewood (1938–1939) in Surrey, Großbritannien, und die Villa Savoye in Poissy bei Paris von Le Corbusier und Pierre Jeanneret. Die schlanken Pilotis haben nicht nur tragende Funktion, sie lassen ein Haus auch leichter wirken, bilden einen Kontrast zur Horizontalität der Fenster und erzeugen ein Gefühl des Schwebens.

Villa Savoye, Le Corbusier und Pierre Jeanneret, 1929–1930, Paris, Frankreich

RÖMISCHE ARCHITEKTUR **S. 16** INTERNATIONALER STIL **S. 42** VILLA SAVOYE **S. 134**

Auskragung

HAUPTVERTRETER: FRANK LLOYD WRIGHT • MART STAM • MARCEL BREUER • WOLF D. PRIX UND MICHAEL HOLZER • GIUSEPPE PETTAZZI

Eine Auskragung ist ein starres, hervorspringendes, im Allgemeinen horizontales Bauteil, das an einem Ende in einem meist vertikalen Träger verankert ist.

Auskragungen werden häufig dort eingesetzt, wo andernfalls Säulen das freischwebende Ende des Bauteils stützen würden. Sie können in Brücken wie in Gebäuden verwendet werden. Eine Auskragung ist normalerweise kostspieliger als eine Säulenkonstruktion, doch aufgrund ihrer dramatischen Wirkung entscheiden sich viele moderne Architekten für die teurere Variante. Frank Lloyd Wrights Robie House (1909–1910) in Chicago besitzt eine auskragende Dachfläche und sein Fallingwater in Pennsylvania hat große auskragende Balkone, die sich über den darunterliegenden Wasserfall strecken.

1937 entwarf Giuseppe Pettazzi (1907–2001) in Asmara, Eritrea, das Fiat-Tagliero-Gebäude. Die futuristisch gestaltete Tankstelle gleicht einem Flugzeug mit einem Turm in der Mitte, der zwei 15 Meter auskragende Flügel trägt. Die von dem Architekturbüro Elliott + Associates entworfene POPS-Tankstelle (2007) an der Route 66 in Oklahoma macht mit einer gigantischen Neonflasche auf sich aufmerksam, ist mit Glaswänden ausgestattet sowie einem riesigen auskragenden Vordach, das sich 30,5 Meter über den Vorplatz spannt.

WICHTIGE ENTWICKLUNGEN

1997 baute das Architekturbüro MVRDV in der Nähe von Amsterdam die Seniorenresidenz WoZoCo mit 100 Einzimmerwohnungen. Da die niederländischen Bauvorschriften Wohnungen mit Nordausrichtung untersagten und die Gebäudehöhe auf neun Geschosse begrenzt war, wurden an die lotrechten Stahlträger auf der Nordseite kurzerhand auskragende Boxen mit weiteren Wohnungen mit Ost-West-Ausrichtung angebaut.

WoZoCo, MVRDV, 1997, Amsterdam, Niederlande

MODERNE **S. 37** ORGANISCHE ARCHITEKTUR **S. 38** BRUTALISMUS **S. 46** POSTMODERNE **S. 47** HIGHTECH-ARCHITEKTUR **S. 49** FALLINGWATER **S. 138**

MATERIALIEN

Stein

HAUPTVERTRETER: PYTHEOS • MIRAK MIRZA GHIYAS • GIOVANNI BON • BARTOLOMEO BON • GIAN LORENZO BERNINI

Ob vulkanisch, sedimenthaltig oder metamorph – Stein ist eines der langlebigsten Baumaterialien und wird in der Architektur seit Jahrtausenden intensiv genutzt.

Um 2630 v. Chr. wurde die Stufenpyramide des Königs Djoser in Sakkara aus Kalkstein errichtet. Die monumentale Cheops-Pyramide in Gizeh besteht ebenfalls vorwiegend aus Kalkstein; nur die Kammer des Pharaos in der Mitte des Gebäudes ist aus rotem Granit erbaut. Fast 2.000 Jahre später wurde die assyrische Stadt Dur-Sharrukin (ca. 720 v. Chr.) um steinerne Höfe herum errichtet und ihr Palast wurde von geflügelten Stieren mit menschlichen Köpfen bewacht, die als Reliefs aus großen Steinblöcken geschlagen waren.

Die Minoer und Mykener bauten viel mit Stein und ab 600 v. Chr. wurden auch die meisten griechischen Tempel aus Stein errichtet. Dorische Tempel bestanden für gewöhnlich aus lokalem Kalkstein. Für ionische Tempel hingegen wurde häufig der härtere, feinere Marmor benutzt. Die frühesten Tempel in Indien und Südostasien wurden ebenfalls größtenteil aus Stein errichtet. Der Kailasa-Tempel im indischen Bundesstaat Maharashtra ist einer der größten Hindu-Felsentempel; er wurde von 756 bis 773 n. Chr. aus einem einzigen natürlichen Felsvorsprung herausgeschlagen.

WICHTIGE ENTWICKLUNGEN

Stein ist das Basismaterial der meisten berühmten Bauwerke der Welt. Das Kolosseum in Rom zum Beispiel wurde vor allem aus Travertin erbaut. Die Kuppel des Petersdoms (siehe Seite 90) besteht aus zwei Steinschalen. Borobudur in Java (9. Jahrhundert) ist aus zwei Millionen Steinblöcken errichtet. Und für das Mausoleum des Mogulherrschers Humayun in Delhi (1565–1572) wurde vorwiegend roter Sandstein verwendet.

Cheops-Pyramide, unbekannter Architekt, ca. 2589– 2566 v. Chr., Gizeh, Ägypten

ÄGYPTISCHE ARCHITEKTUR **S. 12** PRÄKOLUMBIANISCHE ARCHITEKTUR **S. 13** CHEOPS-PYRAMIDE **S. 54** GROßER STUPA VON SANCHI **S. 58** PRAMBANAN **S. 70** ANGKOR WAT **S. 74** KATHEDRALE VON CHARTRES **S. 78** ALHAMBRA **S. 80**

Lehmziegel

HAUPTVERTRETER: ISAAC RAPP • JOHN GAW MEEM • ISMAILA TRAORÉ

Viele antike Wohnhäuser, vor allem in Afrika, Asien und Amerika, wurden mit Lehmziegeln erbaut. Diese wurden aus Lehm, Wasser und faserigen Materialien wie Stroh, Reisspelzen oder Gras hergestellt und in der Sonne getrocknet.

Lehmziegel gehören zu den ältesten Baumaterialien der Welt. Nach dem altägyptischen Wort für Lehmziegel, *db*, heißen sie auch Adobe. Wie gewöhnliche Backsteine werden sie mit Mörtel verbunden. Einheimische Kulturen in vielen Teilen der Welt nutzten dieses Baumaterial über Jahrtausende hinweg. Da das Material fast überall verfügbar ist und die Ziegel einfach herzustellen, leichtgewichtig, günstig und flexibel einsetzbar sind, verwendete man häufig lieber Lehmziegel als Stein, der schwerer, teurer, härter und nicht immer an Ort und Stelle vorhanden war. Allerdings müssen Lehmziegelbauten kontinuierlich instandgehalten werden und haben oft eine begrenzte Lebenszeit.

In Mesopotamien wurden Wohnhäuser üblicherweise mit Lehm aus dem Tigris und dem Euphrat erbaut. Ab 3800 v. Chr. nutzte man auch in Ägypten für den Hausbau Ziegel aus Lehm, der aus dem Nil stammte. In der traditionellen Architektur der Pueblo-Indianer in den südamerikanischen Anden wurden ab 750 n. Chr. sowohl Stein als auch Lehmziegel verwendet.

WICHTIGE ENTWICKLUNGEN

Die riesige Lehmziegelzitadelle Bam im südöstlichen Iran war vermutlich ab dem 6. Jahrhundert v. Chr. bewohnt. Spätere Befestigungen und Mauern wurden zwischen 224 und 637 n. Chr. errichtet. Die Große Moschee von Djenné in Mali zeichnet sich durch ihre dramatische Architektur aus, bei der Palmstämme aus den Lehmmauern und -dächern ragen. Sie sollen das Risiko des Aufbrechens durch veränderte Feuchtigkeit oder Temperatur senken.

Große Moschee von Djenné, Ismaila Traoré, 1907, Djenné, Mali

ISLAMISCHE ARCHITEKTUR **S. 20** SHIBAM **S. 92** GROẞE MOSCHEE VON DJENNÉ **S. 126**

Bitumen

HAUPTVERTRETER: PHAIAX • VITRUV • CHARLES GARNIER

Zikkurat von Ur,
unbekannter Architekt, ca. 2100–540 v. Chr.,
Provinz Dhi Qar, Irak

Bitumen (auch bekannt als Asphalt) ist eine dunkle, ölige, zähflüssige Form von Erdöl, ein natürlich vorkommendes Nebenprodukt zersetzter Pflanzen.

Ab dem 10. Jahrtausend v. Chr. wurden in Mesopotamien, der Region zwischen den Flüssen Tigris und Euphrat im heutigen Irak, einige der ersten dauerhaften Bauten errichtet. Die Sumerer waren die erste mesopotamische Kultur, die zur Blüte gelangte. Ihr folgten Akkader, Assyrer und Babylonier. Als erste Kulturen errichteten sie ganze, von Zikkurats beherrschte Städte, die vorwiegend aus Lehm, Schilf und Bitumen sowie Bitumenmörtel erbaut waren.

Unter Nebukadnezar II. (604–561 v. Chr.) war Babylon die größte Stadt ihrer Zeit. Ihre Schreine, Tempel, Märkte und Häuser waren überwiegend mit Bitumenmörtel gebaut. Nebukadnezar ließ auch die Etemenanki-Zikkurat der Stadt wiederaufbauen, die 91 Meter hoch aufragt – möglicherweise lieferte sie die Inspiration für den legendären Turm von Babel. Der siebenstufige Bau ist mit Backstein verkleidet, der wiederum mit Bitumen ummantelt ist. Bitumen wird zwar seit Jahrhunderten nicht mehr als Bindemittel genutzt, kommt aber als wasserbeständiges Material bei Dächern und Straßen zum Einsatz, wo es meist als Asphalt bezeichnet wird.

WICHTIGE ENTWICKLUNGEN

Die Zikkurat von Ur ließ wahrscheinlich König Ur-Nammu (regierte 2047–2030 v. Chr.) errichten. Restauriert wurde sie vom letzten König des Neubabylonischen Reichs, Nabodinus (regierte 556–539 v. Chr.), der sie um die erhalten gebliebene Basis herum wiederaufbauen ließ. Das ursprüngliche Herzstück aus Lehmziegeln und Bitumenmörtel ist heute mit gebrannten Ziegeln und Zement verkleidet; der Originaltempel, der sich über diesem Sockel erhob, ist nicht erhalten.

WAND **S. 164**

Backstein

HAUPTVERTRETER: POSTNIK JAKOWLEW• BARMA • PHILIP WEBB • CHARLES BARRY • LOUIS KAHN • EDWIN LUTYENS

Monadnock Building, Burnham and Root, 1891–1893, Chicago, USA

Bei den aus verschiedenen Materialien und in unterschiedlichen Größen hergestellten Backsteinen unterscheidet man zwei grundlegende Kategorien: die gebrannten und die ungebrannten.

Gebrannte Ziegel werden seit etwa 4000 v. Chr. hergestellt, ursprünglich in China. Sonnengetrocknete Lehmziegel, die mit natürlichen Materialien wie Stroh zusammengehalten werden, wurden schon früher gefertigt. Als gebrannte Ziegel in größeren Mengen hergestellt werden konnten, nutzte man sie, um wichtige Lehmbauten wie Tempel, Paläste und Stadtmauern mit einer verstärkenden, schützenden Außenschicht zu verkleiden. Die Praxis des Ziegelbrennens verbreitete sich nach und nach – die Römer errichteten überall im Römischen Reich große Backsteinbauten, und ihre Legionen führten sogar mobile Brennöfen mit sich.

Wenngleich Backstein vielfach verwendet wurde, kam doch erst in der Industriellen Revolution die Massenfertigung auf, zum Teil in Hinblick auf den Bau großer neuer Fabriken. Im späten 19. und 20. Jahrhundert jedoch führte die wachsende Nachfrage nach höheren Gebäuden zu einem vermehrten Einsatz alternativer Materialien. Das von Burnham and Root entworfene Monadnock Building (1891–1893) in Chicago ist bis heute das höchste tragende Backsteingebäude, das je errichtet wurde. Backstein wird effektiv für tragende Fassaden verwendet und weiterhin intensiv für den Bau kleiner und mittelgroßer Häuser genutzt, insbesondere in den Industrieländern.

WICHTIGE ENTWICKLUNGEN

Damit ebene Reihen entstehen, müssen Backsteine genau die gleiche Größe haben. In verschiedenen Ländern sind im Laufe der Zeit unterschiedliche Standardmaße entstanden, die mitunter erheblich voneinander abweichen. Klinker werden für gewöhnlich für den unteren Teil eines Gebäudes benutzt, da sie schwerer, dichter und weniger porös sind als die Standardziegel und dem Bau mehr Stabilität geben.

RÖMISCHE ARCHITEKTUR **S. 16** CHICAGOER SCHULE **S. 34** KLOSTER MARIA LAACH **S. 72** KRAK DES CHEVALIERS **S. 76** SANTA MARIA DELLA FIORE **S. 82** BASILIUS-KATHEDRALE **S. 94** RED HOUSE **S. 116**

Holz

HAUPTVERTRETER: EDWARD CULLINAN • KENGO KUMA • SHIGERU BAN • ALEX DE RIJKE

Holz wird in der Architektur seit Jahrtausenden verwendet. Es ist extrem beständig, bildet einen starken Rahmen und trägt sein eigenes Gewicht.

Einige der frühesten chinesischen Holzbauten wurden mit tragenden Holzrahmen konstruiert, die aus einem Verbund ineinandergreifender Holzstützen bestanden. Ab etwa 5000 v. Chr. wurden Holzrahmenhäuser in China mit Zapfenverbindungen gebaut, während europäische Bauern zur gleichen Zeit lange, schmale Holzhäuser errichteten. Um 50 n. Chr. bauten die Römer Holzrahmengebäude in großer Zahl.

Der Holzrahmenbau ist eine Konstruktionsmethode, bei der ein Holzskelett die Hauptstütze des Gebäudes bildet. In Europa gelangte diese Technik im Mittelalter zur vollen Reife und brachte Strukturen wie das Hammerbalkengewölbe hervor. Ein herausragendes Beispiel dafür ist die Westminster Hall in London (1097). In China wurden Tempel normalerweise mit einem Holzgerüst auf einem Steinfundament erbaut, zum Beispiel der Nanchan-Tempel (782 n. Chr.) in der Provinz Shanxi, das älteste Holzgebäude des Landes. Der Todai-ji-Tempel im japanischen Nara ist eines der größten Holzgebäude der Welt.

WICHTIGE ENTWICKLUNGEN

Holz hat als Baumaterial eine Wiederauferstehung erlebt und gilt heute als umweltfreundlichste Lösung. Es ist ungiftig, durchläuft einen natürlichen Alterungsprozess, ist erneuerbar und für seine Verarbeitung zu Bauholz muss verhältnismäßig wenig Energie aufgewendet werden. Da Holz auch gut isoliert, reduziert sich in Holzhäusern die zum Beheizen der Innenräume benötigte Energie.

Todai-ji-Tempel, unbekannter Architekt, 728 n. Chr., Nara, Japan

JAPANISCHE ARCHITEKTUR **S. 18** SHAKER-ARCHITEKTUR **S. 33** BASILIUS-KATHEDRALE **S. 94**
RINSHUNKAKU **S. 100** HANCOCK SHAKER VILLAGE **S. 110**

Papier

HAUPTVERTRETER: ALEXANDER BRODSKY • SHIGERU BAN

In der traditionellen Architektur Japans, Chinas und anderer Teile Asiens wird Papier häufig als Baumaterial benutzt: Es erzeugt einen Eindruck von Leichtigkeit.

Antike chinesische, koreanische und japanische Bauten waren häufig mit Papierfenstern versehen. Das ästhetische Ideal der Leere stammt aus dem Taoismus, der sich in China während des 4. und 3. Jahrhunderts v. Chr. entwickelte und von da nach Japan, Korea und Vietnam verbeitete. Traditionelle japanische Innenräume sind häufig mit *fusuma* ausgestattet. Diese mit lichtundurchlässigem Papier bespannten Schiebetrennwände werden zum Abtrennen und Öffnen von Räumen genutzt. Die mit lichtdurchlässigem Papier bespannten *shoji* kommen als Außentüren und Fenster zum Einsatz.

Nach dem Erdbeben von Kobe 1995 entwarf Shigeru Ban (geb. 1957) die Paper Log Houses, die jeweils aus 110 Papprollen bestanden. Nach dem Bürgerkrieg in Ruanda baute er 1998 fünfzig Notunterkünfte aus Papier. Im Jahr darauf wurden seine Papphäuser nach einem weiteren verheerenden Erdbeben in der Türkei für die betroffenen Einwohner gebaut. 2001 kamen sie in Indien nach dem Erdbeben von Gujarat zum Einsatz. Bans preisgünstige, leicht zu bauende Häuser haben viele Leben gerettet. 1995 entwarf er für Kobe sogar eine Kirche aus 58 Papprohren. Da Ban Recyclingmaterial verwendet, tragen seine Papierbauten außerdem zum Umweltschutz bei.

WICHTIGE ENTWICKLUNGEN

Die Form des traditionellen koreanischen Wohnhauses, dem *hanok*, variiert je nach Region, aber die ebenen Innenflächen werden stets mit *hanji*, einem Papier aus der Rinde des Maulbeerbaums, verkleidet. Es isoliert hervorragend, ist lichtdurchlässig, hat Luftlöcher für die Belüftung, reguliert die Feuchtigkeit und reinigt außerdem die Luft, indem es umherschwebende Staubpartikel einfängt.

Hanok, unbekannter Architekt, 13. Jahrhundert, Seoul, Südkorea

JAPANISCHE ARCHITEKTUR **S. 18** RINSHUNKAKU **S. 100**

Fliesen

HAUPTVERTRETER: SEDEFKAR MEHMED AGHA • MIMAR SINAN • LUIS BARRAGÁN • DANIEL LIBESKIND

Sultan-Ahmed-Moschee (Blaue Moschee), Sedefkar Mehmed Agha, 1609–1616, Istanbul, Türkei

Fliesen, die für gewöhnlich zum Verkleiden von Dächern, Fluren oder Wänden genutzt werden, sind flach gearbeitete Platten aus Keramik, Stein, Metall oder Glas, die in unterschiedlichen Formen hergestellt werden.

Die traditionell aus lokalen Materialien wie gebranntem Ton oder Schiefer gefertigten Dachschindeln wurden später entwickelt als die Fliesen für Innenräume; diese wurden bereits in Mesopotamien und im alten Ägypten genutzt. Die unterirdischen Gänge der Djoser-Pyramide in Sakkara (ca. 2630 v. Chr.) zum Beispiel sind mit blauen Steingut-Fliesen ausgekleidet. Die Dachschindeln der Verbotenen Stadt in Peking (1406–1420) waren in symbolischen Farben glasiert: Gelbe Dachschindeln zum Beispiel stehen für den Kaiser; Grün verweist auf den Kronprinzen.

Im 13. Jahrhundert wurden die Böden nordeuropäischer Kirchen mit Fliesen mit Bleiglasur ausgelegt. Zinnglasierte Fliesen, in Italien als Majolika und in Holland und England als Delfter Keramik bekannt, wurden ursprünglich von islamischen Töpfern im Nahen Osten gefertigt. Im 16. und 17. Jahrhundert begann man in der türkischen Stadt Iznik bunte Fliesen herzustellen, die in Palästen und Moscheen zum Einsatz kamen. Bis Mitte des 18. Jahrhunderts wurden Fliesen von Hand gefertigt und dekoriert; nach der Industriellen Revolution wurden sie meist maschinell hergestellt.

WICHTIGE ENTWICKLUNGEN

Die Blaue Moschee in Istanbul ist mit mehr als 20.000 Keramikfliesen ausgekleidet, die im türkischen Iznik hergestellt wurden. Iznik-Fliesen haben einen kobaltblau bemalten Frittenkörper, der mit einer transparenten Bleiglasur überzogen ist. In ihrer Gestaltung verbinden sich traditionelle ottomanische Arabesken mit chinesischen Mustern. Ihren Spitznamen erhielt die Moschee wegen der blauen Fliesen.

ÄGYPTISCHE ARCHITEKTUR **S. 12** BYZANTINISCHE ARCHITEKTUR **S. 17** HAGIA SOPHIA **S. 62** FELSENDOM **S. 68** ALHAMBRA **S. 80** OPERNHAUS VON SYDNEY **S. 142** PORTLAND BUILDING **S. 152**

Bambus

HAUPTVERTRETER: KENGO KUMA • MARCO CASAGRANDE • VO TRONG NGHIA • ANNA HERINGER

In Teilen Asiens, Ozeaniens sowie in Mittel- und Südamerika wurde Bambus traditionell als Baumaterial benutzt.

Da Bambus im Wasser wächst, erweist er sich in einem feuchten Umfeld als extrem widerstandsfähig. Seine Härte, Elastizität und die schnelle Regeneration der Pflanze machen Bambus zu einer guten Alternative zu Beton und Stahl, insbesondere in Überschwemmungsgebieten und Erdbebenzonen. In China wurde er häufig für Gerüste oder einfache Hängebrücken genutzt – ein Beispiel aus der Qian-Xian-Ära reicht mindestens in das Jahr 960 n. Chr. zurück, vielleicht sogar noch viel weiter. Die auf Stelzen errichteten traditionellen Nipa-Bambushütten (*bahay-kubo*) auf den Philippinen wurden schon lange vor der Ankunft der Spanier im Jahr 1571 gebaut; ähnliche Häuser sind aus Teilen von Indonesien und Malaysia bekannt.

Im 20. Jahrhundert ging die Nutzung von Bambus als Baumaterial zurück. Im Rahmen wachsender Sorgen um die Umwelt erfreut sich dieses natürliche Material heute wieder zunehmender Beliebtheit. Die weltgrößte Bambuskuppel wurde für den indischen Pavillon auf der Expo 2010 in Shanghai errichtet, um die Synergien zwischen urbanen und ländlichen Regionen vor Augen zu führen.

Batak-Haus, unbekannter Architekt, ca. 1900, Sumatra, Indonesien

WICHTIGE ENTWICKLUNGEN

In der Batak-Architektur in Sumatra wird Bambus intensiv genutzt. Zu den Batak-Bauten gehören *bale* (Versammlungsraum), *rumah* (Haus) und *sopo* (Reisscheune). Ein *rumah* beherbergt mehrere Familien in einem gemeinschaftlichen Wohnraum. Die Häuser der Toba Batak rund um den Toba-See haben verzierte Giebel und dramatisch gebogene Dächer, während die weiter nördlich gelegenen Häuser der Karo Batak größer und die Dächer komplexer strukturiert sind.

JAPANISCHE ARCHITEKTUR **S. 18**

Marmor

HAUPTVERTRETER: PHIDIAS • JACOB VAN CAMPEN • THOMAS LINCOLN CASEY • HENRY BACON • FARIBORZ SAHBA

Da Marmor große Lasten tragen kann, wird er seit tausenden von Jahren als Baumaterial verwendet.

Obwohl das Wort Marmor von dem griechischen Wort für „schneeweißer, fleckenloser Stein" abgeleitet ist, bildet er doch verschiedene Farben aus, je nach Verunreinigung im Kalkstein. Das erste Bauwerk, das komplett aus Marmor erbaut wurde, war das Schatzhaus der Athener in Delphi, das irgendwann zwischen 510 und 490 v. Chr. entstand. Auch der Parthenon wurde aus reinweißem Marmor errichtet, der am nahegelegenen Berg Pendeli abgebaut wurde. Weißer Marmor war in der griechischen Klassik (etwa 5. Jahrhundert v. Chr.) öffentlichen Gebäuden und Tempeln vorbehalten. Vom 4. bis zum 3. Jahrhundert v. Chr. (der späten Klassik und dem frühen Hellenismus) wurde auch bunter Marmor verwendet, im Wesentlichen jedoch für Innenräume.

In der römischen Antike breitete sich die Verwendung von Marmor von wichtigen öffentlichen Gebäuden auf die Wohnhäuser der Oberschicht aus, blieb aber ein Statussymbol – eine Assoziation, die sich bis heute hält. In den USA zum Beispiel wurden das Washington Monument (1848–1884) und das Lincoln Memorial (1914–1922) aus Marmor errichtet.

WICHTIGE ENTWICKLUNGEN

Durchscheinender weißer Marmor aus Makrana, Rajasthan, wurde in großen Mengen für den Bau des Taj Mahal benutzt – derselbe Marmor wurde auch für das Victoria Memorial in Kolkata verwendet, das von 1906 bis 1921 errichtet wurde. In die weißen Oberflächen des Taj Mahal wurden insgesamt 28 Arten von Edel- und Halbedelsteinen eingelegt, darunter Jade, Jaspis, Kristall, Türkis, Karneol, Saphir und Lapislazuli.

Taj Mahal, möglicherweise Ustad Ahmad Lahori, 1632–1648, Agra, Indien

GRIECHISCHE ARCHITEKTUR **S. 14** RÖMISCHE ARCHITEKTUR **S. 16** PARTHENON **S. 56**
TEMPEL DER INSCHRIFTEN **S. 64** SANTA MARIA DEL FIORE **S. 82** TAJ MAHAL **S. 98** SCHLOSS VERSAILLES **S. 102**

Beton

HAUPTVERTRETER: LE CORBUSIER • LOUIS KAHN • TADAO ANDO • ZAHA HADID • SANTIAGO CALATRAVA

Beton – eine Paste, die nach und nach aushärtet – ist hart und biegsam und das gebräuchlichste vom Menschen ersonnene Baumaterial der Welt.

Wenn Zement, Sand, Steine und Wasser vermischt werden, kommt es zu einer chemischen Reaktion, durch die das Ergebnis – der Beton – härter wird als alle seine Komponenten. Die Beduinen im Süden Syriens und in Nordjordanien entwickelten bereits um 6500 v. Chr. als Erste eine Art von Beton. Jahrhunderte später schufen die Ägypter einen ähnlichen Verbundwerkstoff aus Kalk und Gips. Noch später mischten die Römer ihren eigenen Beton aus gebranntem Kalk, Puzzolanen und einem Zuschlag aus Bimsstein, Kies, Sand oder Stein und nannten dieses Gemisch *opus caementicium*. Nach dem Niedergang des Römischen Reichs jedoch ging die Verwendung von Beton zurück. Mitte des 19. Jahrhunderts nutzten die Franzosen François Coignet (1814–1888) und Joseph Monier (1823–1926) als Erste mit Eisen verstärkten Beton. Dem folgte der Stahlbeton mit verstärkenden Stahlstäben, -streben oder -netzen im Innern des Betons, die ihn härter machen und Druck auffangen sollten, der durch Wind oder Erdbeben entsteht. Stahlbeton revolutionierte die Bauindustrie und ermöglichte den Bau riesiger Wolkenkratzer und speziell geformter Architektur.

WICHTIGE ENTWICKLUNGEN

Zur Feier des 100-jährigen Stadtjubiläums von Himeji entwarf Tadao Ando das städtische Literaturmuseum. Für den Außenbau verwendete er Stahlbeton, Stein und Glas, für die Innengestaltung nutzte er Holz. Er schuf ein Gebäude in Form von zwei Quadern und einem Zylinder. Drei Jahre nach der Fertigstellung entwarf er einen zusätzlichen Anbau: eine weitere Betonbox und einen Glaskubus.

Städtisches Literaturmuseum Himeji, Tadao Ando, 1989–1996, Präfektur Hyogo, Japan

RÖMISCHE ARCHITEKTUR **S. 16** PANTHEON **S. 60** PETERSDOM **S. 90** FALLINGWATER **S. 138**
OPERNHAUS VON SYDNEY **S. 142** HABITAT **67** **S. 146**

Flechtwerk

HAUPTVERTRETER: KEINER NAMENTLICH BEKANNT

Shakespeares Geburtshaus, unbekannter Architekt, 16. Jahrhundert, Stratford upon-Avon, Großbritannien

Von vor etwa 6.000 Jahren bis vor rund 400 Jahren wurden viele Wonhhäuser in Europa, Asien, Amerika, Australien und Afrika aus Flechtwerk mit Lehmverstrich erbaut.

Bei dieser Methode werden die Wände aus Ästen und Weidenruten geflochten und dann mit einem Lehmgemisch verstrichen, das Sand, Tierdung und Stroh enthalten kann. Beim Trocknen härtet diese Mischung zu einer wasserfesten Schutzschicht aus.

Bisweilen wird Flechtwerk zum Ausfachen von Holzrahmenwerk genutzt, wie bei Shakespeares Geburtshaus in Stratford-upon-Avon in Großbritannien. Bei solchen Flechtwerkbauten werden Holzpfosten vertikal in den Boden gerammt und mit horizontalen Balken oder Stürzen verschränkt. Mal wurde das Flechtwerk mit dünnen Zweigen direkt zwischen die aufrechten Pfosten geflochten, mal wurde es in Form loser Platten in das Rahmenwerk eingepasst. Der Lehmverstrich wurde von beiden Seiten gleichzeitig in Form feuchter Bälle aufgebracht und in und um das Flechtwerk herum gedrückt. Nach dem Aushärten wurde das Ganze meist noch mit einer Schicht Putz überzogen.

WICHTIGE ENTWICKLUNGEN

Je nach Verfügbarkeit wurden für das Flechtwerk lokale Materialien wie Weidenzweige, Schilf oder Bambus genutzt. Die Zusammensetzung des Lehmverstrichs variiert zwar, enthält aber stets tonhaltige Erde als Bindemittel; Zuschläge wie Erde oder Sand zur Bildung von Masse und Stabilität; und Gewebe wie Stroh oder Dung, um alles zusammenzuhalten.

SHIBAM **S. 92**

Putz

HAUPTVERTRETER: PIERRE CHAMBIGES • ROBERT ADAM • HONORÉ DAUMET • CHALERMCHAI KOSITPIPAT

Wat Rong Khun, Chalermchai Kositpipat, 1996, Chiang Rai, Thailand

Putz ist ein Gemisch aus Kalk oder Gips mit Wasser und Sand, das beim Trocknen aushärtet. Das Material wird seit Jahrhunderten zum Bauen verwendet.

Die Ägypter nutzten einen Putz aus gebranntem Gips; die Mykener verwendeten einen feinen Kalkputz, und im 5. Jahrhundert v. Chr. kam Kalkputz häufig beim Bau griechischer Tempel zum Einsatz. Die Römer nutzten eine Mischung aus Kalk und Sand für die unteren Schichten, die sie dann mit einer feineren Mischung aus Gips, Kalk, Sand und Marmorstaub überzogen. Nach dem Niedergang des römischen Reichs verzichtete man bis zur Renaissance auf die Beigabe von Marmorstaub.

In Europa kamen im Mittelalter sowohl Kalk- als auch Gipsputz zum Eisatz, um wichtige Gebäude zu dekorieren, zu glätten und zu schützen. Zum Verstärken wurden dem Putz häufig Haare oder Ähnliches beigemischt. Bis ins frühe 20. Jahrhundert war Kalk das dominierende Bindemittel, da er günstiger und leichter erhältlich war als Gips. Letzterer wurde nach dem Ersten Weltkrieg besser erhältlich.

WICHTIGE ENTWICKLUNGEN

Der Wat Rong Khun in Chiang Rai, auch bekannt als Weißer Tempel, besteht im Wesentlichen aus weißem Gipsputz, in dessen Oberfläche kleine Spiegelglassplitter eingelassen sind, die das Sonnenlicht reflektieren. Weiß steht für die Reinheit Buddhas, und das Glas symbolisiert Buddhas Weisheit und seine Lehren. Der aufwendig gestaltete Tempel wurde von dem thailändischen Künstler Chalermchai Kositpipat (geb. 1955) entworfen und gebaut.

ÄGYPTISCHE ARCHITEKTUR **S. 12** RÖMISCHE ARCHITEKTUR **S. 16** RENAISSANCE **S. 26**

Mosaik

HAUPTVERTRETER: ANTONI GAUDÍ • SQUIRE J. VICKERS • JOSEP MARIA JUJOL I GIBERT • SIMON RODIA

Die meisten Mosaike sind aus kleinen, viereckigen Plättchen aus Stein oder Glas, den sogenannten Tesserae, zusammengesetzt. Es gibt aber auch Kieselmosaike aus kleinen, gerundeten Steinen, die zum Pflastern von Böden verwendet werden.

Die frühesten bekannten Mosaike stammen aus der zweiten Hälfte des 3. Jahrtausends v. Chr. Sie wurden aus Steinen, Muschelschalen und Elfenbein für einen Tempel in Tell al-'Ubaid, Mesopotamien, gefertigt. Große Verbreitung fanden Mosaike im alten Griechenland und Rom. Die Römer entwickelten eine besondere Technik, mit der sie auf Böden und Wänden Mosaikbilder aus bunten, oft mit Goldfolie hinterlegten Glastesserae zusammenfügten.

Ab dem 4. Jahrhundert wurden christliche und byzantinische Basiliken häufig mit Mosaiken dekoriert. Im 5. und 6. Jahrhundert waren Synagogen im Nahen Osten oft mit Mosaiken geschmückt, die bei byzantinischen und römischen Bodenmosaiken Anleihen nahmen. In frühen islamischen Sakralbauten und Palästen, etwa dem Felsendom in Jerusalem und der Umayyaden-Moschee (715 n. Chr.) in Damaskus, fanden Mosaike mit Mustern weite Verbreitung. Ein Mosaik aus Bruchstücken von Fliesen, Porzellan und Glas nennt man Trencadís. Antoni Gaudí setzte es sehr wirkungsvoll ein, etwa im Park Güell (1900–1914) in Barcelona.

San Vitale, unbekannter Architekt, 527–547 n. Chr., Ravenna, Italien

WICHTIGE ENTWICKLUNGEN

Die Basilika San Vitale in Ravenna ist ein bedeutendes Beispiel früher christlich-byzantinischer Kunst und Architektur. Die farbenfrohen, aufwendigen Mosaike wurden kurz nach der byzantinischen Eroberung der Stadt angefertigt und zeigen unter anderem Kaiser Justinian I. und Kaiserin Theodora, Jesus und seine Apostel, die Heiligen Gervasius und Protasius sowie dekorative Medaillons aus Blumen und Früchten.

GRIECHISCHE ARCHITEKTUR **S. 14** RÖMISCHE ARCHITEKTUR **S. 16** BYZANTINISCHE ARCHITEKTUR **S. 17**
JUGENDSTIL **S. 36** FELSENDOM **S. 68** SAGRADA FAMÍLIA **S. 120**

Stuck

HAUPTVERTRETER: DOMINIKUS ZIMMERMANN • JOHANN BAPTIST ZIMMERMANN • ANDREA PALLADIO • ROBERT ADAM • ADOLF LOOS • LE CORBUSIER

Obwohl „stucco" im Italienischen sowohl Stuck als auch Putz bedeutet, gibt es doch entscheidende Unterschiede in Zusammensetzung und Gebrauch der beiden Materialien.

Traditionell wurde Stuck, genau wie Putz, aus Kalkstein, Sand und Wasser hergestellt, doch 1824 entwickelte der englische Zementfabrikant Joseph Aspdin (1778–1855) den sogenannten Portlandzement, den er sich patentieren ließ. Mit dieser neuen Mischung ließ sich härterer Stuck herstellen und bald darauf wurde der Kalk in dem Gemisch ersetzt. Ebenso wurde Putz zunehmend mit Gips statt mit Kalk hergestellt.

Stuck wird häufiger an den Außenseiten eines Gebäudes verwendet, während Putz für die Innenräume genutzt wird. Bisweilen werden der Mischung Zusätze wie Acrylharz und Glasfasern beigemengt, die für noch mehr Festigkeit und Beständigkeit sorgen. Stuckreliefs wurden an altägyptischen, minoischen, etruskischen, mesopotamischen und persischen Bauwerken gefunden. Ganz besondere Verbreitung erfuhr – glatter und strukturierter – Stuck jedoch in der Renaissance, wo er manchmal für dekorative Elemente wie Medaillons oder Festons verwendet wurde. In der Barockzeit nutzte man Stuck auch für opulente Ornamentik an Gebäuden. Bei klassizistischen Bauten findet sich Stuck auf Säulen und am Gebälk. In den 1930er Jahren machte der Internationale Stil mit seinen glatten weißen Stuckwänden von sich reden.

WICHTIGE ENTWICKLUNGEN

Der kunstvoll geschwungene, vergoldete und bemalte Stuck in der bayerischen Wieskirche, in dem fließende Linien und flamboyante Formen des Rokoko und des Barock verschmelzen, wurde von den Architekten und Künstlern Dominikus und Johann Baptist Zimmermann erschaffen. Diese Ausschmückung – ein Symbol für den Himmel – vermittelt ein Gefühl von Leichtigkeit, Raffinesse und Pracht und bildet einen dramatischen Kontrast zu dem schlichten, schmucklosen Kirchenäußeren.

Wieskirche, Dominikus Zimmermann und Johann Baptist Zimmermann, 1745–1754, Bayern, Deutschland

RENAISSANCE **S. 26** BAROCK **S. 29** ROKOKO **S. 30** VILLA LA ROTONDA **S. 96**
SAINT PAUL'S CATHEDRAL **S. 106** WIESKIRCHE **S. 108** KAPITOL **S. 112** VILLA SAVOYE **S. 134**

Glas

HAUPTVERTRETER: JOSEPH PAXTON • LUDWIG MIES VAN DER ROHE • WALTER GROPIUS • CHARLES UND RAY EAMES • JUNYA ISHIGAMI • I. M. PEI

WICHTIGE ENTWICKLUNGEN

Das Eames House, auch bekannt als Case Study House No. 8, wurde von dem Designer-Ehepaar Charles (1907–1978) und Ray Eames (1912–1988) als Wohnhaus und Atelier entworfen. Es besteht aus zwei rechteckigen Glas-Stahl-Boxen, die entlang einer Mittelachse angeordnet sind. Ihre Struktur erhalten beide durch einen einfachen Stahlrahmen, in den ganz verschiedene undurchsichtige und durchscheinende Glaspaneele eingepasst sind.

Eames House, Charles und Ray Eames, 1949, Kalifornien, USA

Glas wird seit mindestens 2500 v. Chr. hergestellt; die Glasbläserei wurde im 1. Jahrhundert n. Chr. erfunden.

Die Römer waren die Ersten, die Glas für Fenster verwendeten. Dafür schnitten sie zylindrische Glasblasen der Länge nach auf und plätteten sie. In den folgenden Jahrhunderten blieben die Fenster klein und rar, doch mit der Weiterentwicklung der Glasherstellung wurden sie im Laufe der Zeit immer üblicher. 1851 entwarf Joseph Paxton (1803–1865) für die Weltausstellung in London den Kristallpalast, eine riesige Hallen-Konstruktion aus vorgefertigten gusseisernen Elementen und Glasplatten.

1952 entwickelte der britische Ingenieur und Geschäftsmann Alastair Pilkington (1920–1995) das Floatglasverfahren zur industriellen Herstellung von Scheibenglas, das es ermöglichte, einheitlich dicke Scheiben herzustellen. Ab den frühen 1960er Jahren erhielten alle führenden Flachglashersteller weltweit Lizenzen zur Nutzung des Floatglasverfahrens, das alle anderen Methoden verdrängte und von da an den Weltmarkt im Bereich des hochwertigen Flachglases beherrschte.

Im 20. Jahrhundert wurden Glas- und Stahlkonstruktionen zu einem Symbol des Fortschritts. Mithilfe von Vorhangfassaden konnten Gebäude komplett mit Glas ummantelt werden. Dank des technischen Fortschritts können viele Gebäude heute auch mit großen Flächen aus gebogenem Glas versehen werden.

MODERNE **S. 37** BAUHAUS **S. 43** HIGHTECH-ARCHITEKTUR **S. 49** DOGENPALAST **S. 86**
RIETVELD-SCHRÖDER-HAUS **S. 128** CENTRE POMPIDOU **S. 150**

Buntglas

HAUPTVERTRETER: ARNOLD VAN NIJMEGEN • WILLIAM BURGES • LOUIS COMFORT TIFFANY • LLUÍS DOMÈNECH I MONTANER

WICHTIGE ENTWICKLUNGEN

Die farbenfrohen, funkelnden Bleiglasfenster des Prager Veitsdoms verbinden religiöse Geschichten und kraftvolle menschliche Gefühle. Sie reichen von der riesigen, prachtvoll kolorierten Fensterrose, die die Form des Erdballs aufnimmt, bis zu den reich ausgestalteten und kolorierten Bogenfenstern der Schwarzenbergkapelle, die Karel Svolinsky (1896–1986) im Jahr 1929 entwarf.

Veitsdom, Matthias von Arras und Peter Parler, 1344–1397, späterer Ausbau bis 1929, Prag, Tschechien

Farbiges Glas produzierten schon die Ägypter, die Phönizier und die Römer. Zentren der Buntglasherstellung waren im 1. Jahrhundert n. Chr. die Städte Sidon, Tyrus und Antiochia.

Zur Produktion von buntem Glas wurden während des Herstellungsprozesses metallische Salze oder Mineralien zugegeben. Über syrische Händler und Seefahrer gelangten diese Methoden nach China und Europa. Zunächst wurde buntes Glas in Moscheen, Palästen und öffentlichen Gebäuden verwendet, dann jedoch zunehmend weniger in der Architektur eingesetzt.

Ab dem 7. Jahrhundert begann man, christliche Kirchen in Europa mit Buntglasfenstern auszustatten. Diese waren aus kleinen Stücken bunten Glases zusammengesetzt, die von Bleiprofilen gehalten wurden. Diese Bleiglasfenster standen symbolisch für die geschmückten Wände des Himmels, die im letzten Buch der Bibel, der Offenbarung des Johannes, beschrieben werden. Große Bleiglasfenster sind ein wichtiges Merkmal der Gotik. Sie illustrieren biblische Geschichten, um sie den größtenteils ungebildeten Gläubigen auf diesem Wege nahezubringen. In französischen Kathedralen des 12. und 13. Jahrhunderts wurden immer größere und kunstvollere Fensterrosen konstruiert.

1893 erfand Louis Comfort Tiffany (1848–1933) das Tiffany-Glas, ein irisierendes Buntglas, das zur Zeit des Jugendstils für die Bleiglasfenster großer Gebäude verwendet wurde.

GOTIK **S. 25** KATHEDRALE VON CHARTRES **S. 78** SANTA MARIA DELLA FIORE **S. 82** SAGRADA FAMÍLIA **S. 120**

Eisen

HAUPTVERTRETER: GUSTAVE EIFFEL • CHARLES BARRY

Zwar wurde Eisen bereits in der chinesichen Architektur des 8. Jahrhunderts verwendet, doch erst im 18. Jahrhundert kam es als Baumaterial richtig zur Geltung.

Das widerstandsfähige, in großen Mengen verfügbare und relative kostengünstige Eisen wurde in Europa für weitspannende Konstruktionen, etwa im Brücken- oder Bahnhofsbau genutzt. Da Eisen sich in ganz verschiedene Formen gießen lässt, verwendeten Architekten den Baustoff eine Zeit lang auch zur preiswerten Nachbildung historischer Fassaden. Da Gusseisen die Last schwerer Maschinen aushalten konnte, wurde es auch für die tragenden Elemente in Fabrikhallen eingesetzt. Einige frühe Bauten dieser Art stürzten jedoch ein, als ihre spröde gewordenen Eisenträger brachen.

Große Eisenstrukturen konnten auf effiziente, beispiellose Weise vorgefertigt und in andere Teile der Welt transportiert werden. Gusseiserne Säulen waren zudem schlanker als ihre gemauerten Gegenstücke und deshalb sowohl platzsparend als auch elegant. So entwickelte sich allmählich eine neue Ästhetik. 1851 entwarf Joseph Paxton den Kristallpalast in London, eine große Eisen-Glas-Struktur, die vielen ähnlichen Bauten weltweit als Vorbild diente.

WICHTIGE ENTWICKLUNGEN

Der von Gustave Eiffel (1832–1923) entworfene Eiffelturm, der als temporäre Installation für die Weltausstellung von 1889 errichtet worden war, wurde aufgrund seines beispiellosen Erscheinungsbildes und der außergewöhnlichen Höhe umgehend zur Sensation. Das offene Gitterwerk, das vorwiegend aus Schmiedeeisen besteht, wird aus vier massiven, auf gemauerten Stützen stehenden Beinen gebildet, die in nach innen streben, um schließlich in einem einzigen, sich verjüngenden Turm zusammenzulaufen.

Eiffelturm, Gustave Eiffel, 1887–1889, Paris, Frankreich

NEUGOTIK **S. 32** PALACE OF WESTMINSTER **S. 114** U-BAHN-STATION KARLSPLATZ **S. 124**

Stahl

HAUPTVERTRETER: LOUIS SULLIVAN • WILLIAM LE BARON JENNEY • I. M. PEI • ZAHA HADID • FRANK GEHRY • MOSHE SAFDIE • NORMAN FOSTER • BRUCE PRICE

Im späten 19. Jahrhundert wurde Eisen weitgehend durch Stahl ersetzt, der biegsamer ist, eine gleichmäßigere Festigkeit besitzt und stärkeren Belastungen widersteht.

Als Legierung aus Eisen, Kohlenstoff und anderen Elementen verfügt Stahl über eine große Dehnfestigkeit und lässt sich günstig herstellen. Zwar hat man in Anatolien Hinweise auf die Herstellung von Stahl aus der Zeit um 1800 v. Chr. gefunden. Der Werkstoff wurde jedoch erst Mitte des 19. Jahrhunderts in ausreichender Menge hergestellt, um als Baumaterial eingesetzt werden zu können. 1855 entwickelte der englische Ingenieur und Erfinder Henry Bessemer (1813–1898) das erste preisgünstige Verfahren zur industriellen Herstellung von Stahl.

Nach und nach wurde Eisen in der Architektur durch Stahl ersetzt. Zunächst verwendete man ihn vor allem im Brückenbau. Aufgrund seiner Festigkeit wurde Stahl auch für offene Innenräume und hohe Gebäude genutzt und sollte bei der Entwicklung des Wolkenkratzers eine entscheidende Rolle spielen. Eines der ersten Gebäude mit Stahlskelett war das von Bruce Price (1845–1903) entworfene American Surety Building in New York (1894–1886). Das Centre Pompidou in Paris wurde mit einem massiven Außenrahmen aus Stahl konstruiert und auch das Gebäudeinnere wird von riesigen Stahlträgern überspannt.

WICHTIGE ENTWICKLUNGEN

Nach der deutschen Wiedervereinigung im Jahr 1990 baute Norman Foster den Berliner Reichstag wieder auf. Als Symbol für die deutsche Einheit, Demokratie und Freiheit stattete er das Gebäude mit einer neuen Kuppel aus Stahl und Glas aus, die einen Panoramablick auf die umgebende Stadt ermöglicht und Besuchern außerdem einen Blick in den darunterliegenden Plenarsaal des Bundestags eröffnet.

Reichstag, Paul Wallot, 1884–1894, und Norman Foster, 1995–1999, Berlin, Deutschland

CHICAGOER SCHULE **S. 34** HIGHTECH-ARCHITEKTUR **S. 49** WAINWRIGHT BUILDING **S. 122** BAUHAUS-GEBÄUDE **S. 130** CHRYSLER BUILDING **S. 132** SEAGRAM BUILDING **S. 140** CENTRE POMPIDOU **S. 150**

Aluminium

HAUPTVERTRETER: OTTO WAGNER • FRANK LLOYD WRIGHT • LUDWIG MIES VAN DER ROHE • EERO SAARINEN • RICHARD NEUTRA

WICHTIGE ENTWICKLUNGEN

1927 entwarf Buckminster Fuller ein Fertighaus, dass weniger als drei Tonnen wog und nahezu überall aufgebaut werden konnte. Die fabrikgefertigten Sets des Dymaxion House sollten in mehreren Varianten erhältlich sein und vor Ort zusammengebaut werden. Erst nach dem Zweiten Weltkrieg wurde eine Aluminiumlegierung entwickelt, die die Konstruktion ermöglichte. Aus den zwei je produzierten Prototypen wurde das einzige erhaltene Beispiel zusammengebaut.

Dymaxion House, Buckminster Fuller, 1948, Michigan, USA

Aluminium ist nicht nur ein festes, leichtgewichtiges, beständiges, rostfreies Material, das durch seine Formbarkeit großen Gestaltungsspielraum ermöglicht, es lässt sich auch einfach recyceln.

Erst Ende des 19. Jahrhunderts wurde ein halbwegs kostengünstiges Verfahren zur Gewinnung des Leichtmetalls aus dem Mineral Bauxit entwickelt und erst in den 1920er Jahren konnte es preiswert und in großen Mengen gewonnen werden. Als Aluminium schließlich besser erhältlich und billiger wurde, kam es auch in der Architektur zum Einsatz.

Das erste bekannte Beispiel des Gebrauchs von Aluminium in einem Bauwerk ist das Empire State Building (1929–1931) in New York City (siehe Seite 44), insbesondere sein berühmter Turmhelm. Schon bald wurde das Material zur Herstellung von Stützträgern, Fenster- und Türrahmen und vor allem für Fassaden, insbesondere Vorhangfassaden genutzt. Heute werden Aluminiumlegierungen in vielen Gebäuden zum Tragen schwerer Glasplatten eingesetzt.

Der von Norman Foster entworfene Commerzbank Tower (1994–1997) in Frankfurt am Main, eines der höchsten Gebäude Europas, ist außen mit eloxierten Aluminiumplatten verkleidet, die dem Regenschutz dienen, während extrudiertes Aluminium zur Belüftung beiträgt. Zwar ist der Werkstoff nach wie vor teurer als Stahl, dennoch haben viele Wolkenkratzer Aluminiumrahmen, da dieser höhere und energieeffizientere Bauten ermöglicht.

ART DÉCO **S. 44** CHRYSLER BUILDING **S. 132**

Kunststoff

HAUPTVERTRETER: PETER COOK • COLIN FOURNIER • NICHOLAS GRIMSHAW • LI XINGGANG • CHRIS BOSSE

WICHTIGE ENTWICKLUNGEN

Sechseckige und fünfeckige Waben aus ETFE-Kunststoff wurden für die beiden von Stahlrahmen getragenen geodätischen Gewächshäuser oder „Biome" des Eden-Projekts in Cornwall hergestellt. Mit den leicht austauschbaren Waben können fremde Lebenswelten simuliert werden: ein tropischer Regenwald in der einen Kuppel, ein mediterranes Klima in der anderen. Beide Gebäude beherbergen tausende Pflanzenarten, die hier gut gedeihen.

Eden-Projekt,
Nicholas Grimshaw,
1998–2001, Cornwall,
Großbritannien

Kunststoff und Polymermaterialien sind strapazierfähig, anpassungsfähig und leicht. Sie gehören zu den neuesten synthetischen Materialien, die in der Architektur intensiv genutzt werden.

Die ersten halbsynthetischen Kunststoffe wurden Mitte des 19. Jahrhunderts entwickelt, doch nur beschränkt eingesetzt. Kurz vor dem Zweiten Weltkrieg kamen Acrylglas, Polyäthylen, PVC, Polystyren und Nylon auf den Markt, wurden aber nur selten als Baumaterialien benutzt. Erst in den 1970er Jahren hatte sich ihre Qualität so weit verbessert, dass sie praxistauglich waren. Außerdem fand man heraus, dass einige dieser Werkstoffe Energie einsparen und Kosten reduzieren konnten. Das von Peter Cook (geb. 1936) und Colin Fournier (geb. 1944) entworfene biomorphe Kunsthaus Graz in Österreich (2001–2003) zum Beispiel ist mit einer halbtransparenten Außenhaut aus irisierendem blauen Acrylglas umspannt, in die Photovoltaikzellen eingelassen sind.

ETFE (Ethylen-Tetrafluorethylen) ist ein besonders festes, sehr witterungresistentes Polymer. Aufgrund seines leichten Gewichts, seiner Beständigkeit und Vielseitigkeit wurde es für viele Bauprojekte genutzt, etwa für das Nationalstadion in Peking (2003–2008) nach einem Entwurf von Herzog & de Meuron und Ai Weiwei, sowie für das Nationale Schwimmzentrum ebendort (2004–2007), das von PTW Architects geplant wurde. An der Dachseite des Nationalstadions wurde der Stahlgeflechtbaukörper mit rotschimmernder ETFE-Folie überspannt; das Nationale Schwimmzentrum ist das größte mit ETFE-Folie verkleidete Gebäude der Welt.

MONTREAL BIOSPHÈRE **S. 148**

Kohlenstofffaser

HAUPTVERTRETER: ACHIM MENGES • MORITZ DÖRSTELMANN • MARIA YABLONINA

Kohlenstofffasern – kurz Kohlefasern – sind leicht und fest. Sie bestehen aus dünnen Kohlefäden, die mittels Hitze, Druck oder in einem Vakuum mit Kunstharz gebunden werden.

Das relativ neue Material ist leichter als Stahl, aber fünf Mal so fest und doppelt so starr. Erstmals produziert wurde es im späten 19. Jahrhundert, als mehrere Erfinder, darunter Joseph Swan (1828–1914) und Thomas Edison (1847–1931), Baumwolle und Bambus verkohlten, um Glühfäden für frühe Glühbirnen herzustellen. Nach und nach wurde es gebräuchlicher, aber erst im frühen 21. Jahrhundert ließ sich Kohlefaser in so großen Mengen und so preisgünstig produzieren, dass es auch in der Architektur Anwendung fand.

Heute wird es häufig in Stahlbeton, Zement oder andere Materialien eingearbeitet, denn mittlerweile ist es günstiger als viele andere Baustoffe. Aktuell neigen viele Architekten dazu, Kohlefaser zum bloßen Nachahmen etablierter Baumaterialien zu nutzen – das Gleiche geschah Ende des 19. Jahrhunderts mit Eisen. Doch wenn das Vertrauen in das Material erst gewachsen ist – so wie es auch mit dem Eisen geschah –, wird auch dieser Werkstoff auf innovative Weise eingesetzt werden.

WICHTIGE ENTWICKLUNGEN

Der Elytra Filament Pavilon ist nach dem Vorbild der Faserverbundstruktur von Deckflügeln flugfähiger Käfer, den sogenannten Elytren, als offene Glas-Kohlefaser-Konstruktion konzipiert. Alle Bestandteile wurden von einem Roboter an der Universität Stuttgart gefertigt. Die daraus resultierende feste Dachkonstruktion überspannt eine Fläche von 200 Quadratmetern und wiegt dabei weniger als 2 Tonnen.

Elytra Filament Pavilion, Achim Menges, Moritz Dörstelmann, Jan Knippers und Thomas Auer, 2016, London, Großbritannien

HIGHTECH-ARCHITEKTUR **S. 49**

Recyclingmaterialien

HAUPTVERTRETER: RENZO PIANO • NORMAN FOSTER • BILL DUNSTER • JAN JONGERT • WANG SHU • FAHED MAJEED

Recycling oder die Verwendung gebrauchter Materialien in der Architektur reduziert Abfall, spart Geld und hat positive Auswirkungen auf die Umwelt.

Recycelt wird in der Architektur seit Jahrhunderten, wenn wertige Bauteile wie Backsteine, Fliesen oder dekorative Objekte geborgen und wiederverwendet werden. Seit dem späten 20. Jahrhundert jedoch wird der Wiederverwendung von Baumaterialien größere Bedeutung entgegengebracht. Oft entstehen daraus innovative, effiziente und künstlerische Ausdrucksformen nachhaltigen Designs.

Im Zeitalter der „grünen Revolution" ist es üblich geworden, Recyclingmaterialien bei architektonischen Entwürfen zu berücksichtigen und Elemente wie Holz, Backstein, Fliesen und Glas, aber auch unerwartete Materialien wie Flaschen, Dosen mit Ring-Pull-Deckel und Gummireifen zu verwenden. Ein Beispiel sind die langlebigen Häuser des Ingenieurs Tateh Lehbib Braica in Yelwa, Nigeria: Sie sind aus mit Sand gefüllten Plastikflaschen errichtet, die mit Lehm zusammengehalten werden. Durch das Verwenden von Materialien, die vorher einen anderen Zweck erfüllten, werden der Energieverbrauch und die Emissionen reduziert. Die kreative Wiederverwertung ist eine Form des Recyclings, bei der ganze Gebäude einem ursprünglich nicht vorgesehenen Zweck zugeführt werden.

WICHTIGE ENTWICKLUNGEN

Der Gewinner des Pritzker-Preises 2012, Wang Shu (geb. 1963), entwarf das Ningbo Museum, für das er lokale Altmaterialien wie Bambus, Fliesen und Backsteine verwendete, die zum Teil Jahrhunderte alt waren. Im Innern des Gebäudes sieht jede Etage anders aus. Das schiefe zweite Stockwerk zum Beispiel vermittelt den Eindruck eines Berges und eines Bootes – eine Referenz an den Ort wie an die Bedeutung von Ningbos Seehandelsgeschichte.

Ningbo-Museum, Wang Shu, 2007–2008, Provinz Zhejiang, China

NACHHALTIGE ARCHITEKTUR **S. 50** BOSCO VERTICALE **S. 158**

Verbundwerkstoffe

HAUPTVERTRETER: I. M. PEI • ZAHA HADID • KENGO KUMA • DAVID ADJAYE

Heydar-Aliyev-Kulturzentrum, Zaha Hadid, 2007–2012, Baku, Aserbaidschan

Lehmziegel und Beton sind zwei der ältesten Verbundwerkstoffe, die in der Architektur benutzt werden. Ab dem späten 20. Jahrhundert wurden noch einige mehr entwickelt.

Ein Beispiel für einen natürlichen Verbundwerkstoff ist Holz, das aus Zellulosefasern besteht, die mit Lignin verbunden sind. Holzwerkstoffe wie Sperrholz nutzen die hohe Festigkeit von Holz, sind aber für andere Zwecke bestimmt. Die Erfindung des Eisenbetons mit seiner Festigkeit und seiner Vielseitigkeit revolutionierte die Architektur. Seither ist Beton mit verschiedenen Materialien verstärkt worden, etwa mit Stahlrippen sowie mit synthetischen oder natürlichen Fasern.

Die jüngsten Verbundwerkstoffe sind häufig langlebig, leicht, nicht rostend und pflegeleicht. Einige sind exakt auf einen bestimmten Gebrauch abgestimmt, haben aber den Nachteil, übermäßig teuer zu sein. Glasfasern und einige Schichtverbundwerkstoffe können jedoch für eine ganze Reihe von Anwendungen genutzt werden. Faserverstärkte Kunststoffe (FVK) sind besonders vielseitig; sie bestehen aus einem Kunstharz mit Glas- oder Kohlenstofffasern. Diesen festen, langlebigen, wasserresistenten und vielseitig einsetzbaren Werkstoff verwendete das Architekturbüro Snøhetta für die Fassade des SFMOMA (2010–2016) in San Francisco.

WICHTIGE ENTWICKLUNGEN

Das Heydar-Aliyev-Kulturzentrum in Aserbaidschan ist aus einer wellenförmigen Hülle gebildet, die das Gebäude ummantelt. Das vorwiegend aus Stahlbeton, Stahlrahmen sowie Stützen und Platten aus Verbundwerkstoffen errichtete Bauwerk ist komplett mit festem, glattem, weißem, glasfaserverstärktem Kunststoff (GFK) verkleidet. Dieses Material ermöglicht die geschwungenen Formen des Gebäudes und sorgt für eine leichte Instandhaltung und Langlebigkeit.

MODERNE **S. 37** HIGHTECH-ARCHITEKTUR **S. 49** HABITAT **67 S. 146** CENTRE POMPIDOU **S. 150**

Titan

HAUPTVERTRETER: FRANK GEHRY • PAUL ANDREU • DANIEL LIBESKIND

Guggenheim-Museum, Frank Gehry, 1992–1997, Bilbao, Spanien

Titan ist nicht nur leicht, fest und langlebig. Es hat auch hervorragende isolierende Eigenschaften, durch die es die Energieeffizienz eines Gebäudes erhöhen kann.

Seit den 1970er Jahren wird Titan in der Architektur für verschiedene Gebäudetypen genutzt, etwa für Museen, Tempel und Schreine, aber auch für Wohnhäuser. Dank seiner hervorragenden Korrosionsbeständigkeit ermöglicht es bestimmte architektonische Entwürfe in der schwierigen, salzhaltigen Atmosphäre von Küstengebieten. Seine Stoßfestigkeit wiederum macht es zu einem geeigneten Baumaterial für Gebäude in Erdbebenzonen. Titan ist unempfindlich gegen viele Umweltschadstoffe, verlässlich und robust, und da es ein reichlich vorkommendes, recyclebares Produkt ist, gilt es außerdem als umweltfreundlich.

Ein weiterer Vorteil von Titan besteht darin, dass der Baustoff stark auf Sauerstoff reagiert. Wenn das Material Feuchtigkeit oder Luft ausgesetzt wird, bildet sich darauf ein schützender Oxidfilm. Titan benötigt deshalb keinen vorbeugenden Korrosionsschutz. Paul Andreu (1938–2018) hat diesen Vorzug für seinen Entwurf des Nationalen Zentrums für Darstellende Künste in Peking genutzt, das von 2001 bis 2007 erbaut wurde. Die ellipsenförmige Kuppel aus Glas und Titan, die im Zentrum eines künstlichen Sees liegt, soll an einen Wassertropfen oder ein auf dem Wasser treibendes Ei erinnern.

WICHTIGE ENTWICKLUNGEN

Der kanadisch-amerikanische Architekt Frank Gehry wählte zum Verkleiden des Guggenheim-Museums in Bilbao 33.000 extrem dünne Titanplatten, nachdem er eine Musterplatte derselben Art an der Außenwand seines Büros befestigt und studiert hatte. Die geschwungene Hülle des Museums, bei dem Gehry Titan mit Kalkstein und Glas kombinierte, erinnert an ein Boot und verweist damit auf Bilbaos Geschichte. Je nach Wetter und Tageszeit verändert das Gebäude seine Farbe.

HIGHTECH-ARCHITEKTUR **S. 49** DEKONSTRUKTIVISMUS **S. 51**

Glossar

Adhisthana Erhöhter Unterbau eines buddhistischen oder Hindu-Tempels.

Ante Vorgezogene Seitenwand am Eingang zu einem griechischen Tempel, die an der Stirnseite mit einem Pfeiler abschließen kann.

Apsis Halbrunder oder mehreckiger Abschluss des Mittelschiffs einer Kirche am äußersten Chorende.

Architrav Waagerecht auf Säulen ruhender Stützbalken, der den untersten Teil des Gebälks bildet.

Ardhamandapa Seitlich geschlossener, nach vorne hin offener Halbpavillon, in der Regel an der Stirnseite eines Hindu-Tempels oder anstatt einer Vorhalle (*antarala*).

Arkaden Von Säulen oder Pfeilern getragene Bogenreihe; auch Laufgang, der sich seitlich in fortlaufenden Bögen öffnet.

Auskragung Vorspringendes Bauteil, z.B. ein Balkon, der nur an einem Ende verankert ist.

Baldachin Schirmartiges Schutzdach über einer Kanzel oder einem Thron.

Baluster Senkrechtes Stützelement, in der Regel eine kleine Säule oder ein kleiner Pfeiler, das eine Balustrade trägt.

Balustrade Aus einer Reihe von Balustern gebildetes Geländer.

Baptisterium Teil einer Kirche oder separater Bau nahe einer Kirche, in dem die Taufe vollzogen wird.

Basilika Rechteckige mittelalterliche Kirche, deren Mittelschiff die beiden Seitenschiffe überragt und eine Fensterzone (Obergaden) über den Dächern aufweist; basierend auf der römischen Markt- und Gerichtshalle.

Brüstung Niedrige Schutzmauer zur Absturzsicherung an Emporen, Terrassen und Balkonen sowie anderen hochgelegenen Öffnungen.

Campanile Italienischer Glockenturm, der für gewöhnlich neben der Kirche steht.

Cella Fensterloser Hauptraum eines antiken Tempels.

Chaitya Buddhistische Verehrungs- oder Gebetshalle mit einem Stupa am einen Ende.

Chatra Dreiteiliger Schirm über einem Stützpfeiler auf der Kuppelspitze eines Stupa, der die Drei Juwelen des Buddhismus symbolisiert.

Chinoiserie Nachbildungen des chinesischen Stils, die im 17. und 18. Jahrhundert in Europa beliebt waren.

Chorumgang Weiterführung der Seitenschiffe um den Chor und die Apsis herum, häufig mit seitlichen Kapellen.

Entasis Sanfte Schwellung der Säule bis etwa zur Schaftmitte.

Fassade Außenwand eines Gebäudes; bezeichnet in der Regel die Stirnseite.

Fiale Schlankes, spitzes Ziertürmchen als Pfeileraufsatz oder an Türmen, bestehend aus einem Schaft und einem Helm.

Flügelfenster Rahmen mit vertikal angebrachten Scharnieren, der sich zur Seite hin öffnen lässt.

Fries Waagerechte, plastische oder gemalte streifenartige Verzierung an einem Gebäude, häufig der mittlere Teil eines Gebälks.

Fußwalmdach Walmdach, bei dem die schrägen Dachflächen an den Giebelseiten nur über den unteren Bereich des Giebels reichen.

Fusuma Viereckige, mit lichtundurchlässigem Papier bespannte Holzrahmen in der traditionellen japanischen Architektur, die sich auf Schienen zur Seite schieben lassen, um Räume abzuteilen oder zu öffnen.

Garbhagriha Innerstes Heiligtum eines Hindu-Tempels.

Gebälk Oberer Teil einer klassischen Ordnung, über der Säule und dem Kapitell, bestehend aus Architrav, Fries und Gesims.

Giebel Dreieckiger Wandabschnitt unter einem Satteldach, oft zu dekorativen Zwecken genutzt.

Giebeldreieck Dekoratives dreieckiges Element über einem Portikus.

Gopuram Monumentaler, in der Regel ornamentierter Torturm in der Umfassungsmauer eines südindischen Tempels, der den Eingang ins Innere des Tempelanlage gewährt.

Hammerbalkengewölbe Dekorative, offene Dachstuhlkonstruktion aus Holz; beliebt in der englischen Gotik.

Hanok Traditionelles koreanisches Wohnhaus, erstmals im 14. Jahrhundert entworfen und errichtet.

Hypostylon Halle, deren Dach von Säulen getragen wird.

Kapitell Oberer Abschluss einer Säule, eines Pilaster oder Pfeilers, in der Regel unterhalb des Gebälks, eines Sturzes oder von Arkaden.

Keilstein Keilförmiger Stein in einem Bogen oder einem Gewölbe; die auffälligsten Keilsteine sind der Schlussstein (in der Bogenmitte) und der Anfänger (der unterste Stein auf beiden Seiten des Bogens).

Kielbogen Zweifach gekrümmter Bogen aus einer konvexen und einer konkaven Biegung, die eine übertriebene Spitze ausbilden; auch Eselsrücken genannt.

Kolonnade Säulenreihe mit waagerechtem Gebälk.

Konsole Bauelement aus Stein, Holz oder Metall, das aus der Wand herausragt und als Stütze dient.

Kranzgesims Horizontal hervorspringende Schmuckleiste, häufig am oberen Abschluss des Gesimses.

Kreuzblume Ornamentale Bekrönung gotischer Türme und Fialen aus stilisierter Blume mit kreuzförmig angeordneten Blättern.

Kreuzgratgewölbe Zwei Tonnengewölbe, die sich im rechten Winkel durchdringen und dabei Grate ausbilden.

Laterne Runder oder polygonaler, durchfensterter Aufbau über der Scheitelöffnung einer Kuppel, durch den Licht in die darunterliegenden Bereiche dringt.

Loggia Zu einer oder mehreren Seiten geöffnete Galerie, die von Kolonnaden gebildet wird.

Mansarddach Dach, bei dem die Dachflächen im unteren Teil abknicken und eine sehr viel steilere Neigung aufweisen als im oberen Teil.

Maßwerk Gotisches Bauornament zur Unterteilung von Fenstern und Einfassen der Glasscheiben.

Mauerwerk Aus versetzt übereinandergeschichteten Backsteinen errichtete Mauer.

Metope Häufig mit Reliefs geschmückte Felder zwischen den Triglyphen im Fries griechischer Tempel mit dorischer Säulenordnung.

Minarett Hoher Turm, häufig mit konischem oder zwiebelförmigem Abschluss, auf einer oder neben einer Moschee, von dem aus die Gläubigen zum Gebet gerufen werden.

Obergaden Oberster Wandabschnitt des Mittelschiffs einer Basilika, der von Fenstern durchbrochen ist.

Oculus Kreisförmige Öffnung im Scheitel einer Kuppel, wie der des Pantheons in Rom.

Ortstypische Architektur Architekturstil, der lokale Materialien nutzt und von traditionellen Formen inspiriert ist.

Pagode Mehrgeschossiger Turm mit vorschwingenden Dachvorsprüngen über jedem Geschoss; hauptsächlich in China, Japan und Korea zu finden.

Pechnase Nach unten offener, meist über dem Burgtor befindlicher Vorbau an einer Festungsmauer, der zu Verteidigungszwecken genutzt wurde.

Pendentif Sphärisch gewölbtes dreieckiges Stück Mauerwerk, das den Übergang von einem viereckigen oder polygonalen Grundriss zur Rundung des Kuppelgrundrisses ermöglicht.

Pfeiler Einfache Stütze mit rechteckigem oder polygonalem Grundriss; im Vergleich zur Säule größer und häufig schmucklos.

Pilaster Flacher, meist nur wenig aus der Wand hervortretender viereckiger Pfeiler.

Pilotis Pfeiler, Säulen oder Pfähle, die ein Gebäude tragen; populär geworden durch Le Corbusier und stilistisches Merkmal des Internationalen Stils.

Plinthe Rechteckige oder quadratische Fußplatte unter Säulen, Pfeilern und Statuen.

Portikus Dem Haupteingang eines Gebäudes vorgelagerter Vorbau, dessen Dach auf Säulen oder Pfeiler ruht und der meist einen Giebel trägt.

Säulenordnung Gliederungssystem der klassischen Architektur, das von verschiedenen Säulentypen definiert wird. Die ersten drei Ordnungen im antiken Griechenland und Rom waren, in chronologischer Reihenfolge: dorisch, ionisch und korinthisch.

Schlussstein Zentraler Stein am höchsten Punkt eines Bogens oder Gewölbes, der die anderen Steine am Platz hält.

Shikhara Hochaufragender, nach oben leicht gekrümmter Turm auf einem Hindu-Tempel; auch bekannt als *vimana*.

Shoji In der japanischen Architektur eine Schiebe-Außentür oder ein Schiebefenster aus einem Holzgitter, das mit festem, durchscheinendem Papier bespannt ist.

Strebewerk Aus der Außenwand hervorspringende stützende Bauelemente; Strebebögen sind ganze oder halbe Bögen, die den Gewölbeschub ableiten.

Stupa Buddhistisches Bauwerk, in dem für gewöhnlich Reliquien des Buddha aufbewahrt werden.

Sturz Waagerechter Stützbalken über einem Fenster oder einer Tür, der die Last der Wand trägt.

Tonnengewölbe Einfachste Gewölbeform mit halbkreisförmigem Querschnitt, die an eine längs halbierte Tonne erinnert.

Tragwerk Solides Rahmenwerk aus Holz- oder Metallstützen, das ein Bauteil trägt, z.B. ein Dach.

Trencadís Mosaik, das aus Fliesenscherben und anderen Keramikscherben zusammengefügt ist; beliebt im katalanischen Modernisme.

Triforium Laufgang zwischen Arkaden und Obergadenfenstern in Mittelschiff, Chor und Querschiff einer Kirche; häufig mit Dreifachbögen zum Mittelschiff geöffnet.

Triglyph Durch drei senkrechte Stege gegliederte Steinplatte zwischen den Metopen im Fries der dorischen Ordnung.

Trompen Halbhohlkegelförmige gemauerte Gewölbeteile, mit denen die Ecken eines quadratischen Grundrisses gekappt werden, um den Übergang zu einem achteckigen Aufbau, etwa einer Kuppel, zu ermöglichen.

Tuff Lockeres, poröses Gestein aus vulkanischer Asche.

Türmchen Kleiner, für gewöhnlich zylindrischer Turm, der die Dachlinie durchbricht, mit konischem Dach.

Turmhelm Schlanke, spitz zulaufende Konstruktion auf einem Gebäude, häufig einer Kirche.

Venezianisches Fenster Rundbogenfenster, das von zwei schmaleren, niedrigeren Fenstern flankiert wird; durch Palladio bekannt geworden.

Vierpass Ornamentales Design mit vier Blättern, die einer Blume ähneln; häufig für gotisches Fenstermaßwerk verwendet. Ein Dreipassfenster (auch Kleeblattfenster) besteht aus drei Blättern.

Vierung Kreuzungsbereich von Mittelschiff und Querschiff in einer Kirche, über dem sich häufig ein Turm oder eine Kuppel erhebt.

Vihara Buddhistisches Kloster; in seiner ursprünglichen Bedeutung „abgeschiedener Ort zum Hineingehen".

Volute Schneckenförmig eingerolltes Bauglied am ionischen Kapitell. In der Renaissance und im Barock zur Vermittlung zwischen senkrechten und waagerechten Bauteilen verwendet.

Vorhangfassade Eine dem Bauskelett vorgehängte, nicht tragende äußere Hülle eines Gebäudes, häufig aus Glas.

Walmdach Auch an den Giebelseiten schräg abfallendes Dach.

Westwerk Monumentaler, nach Westen ausgerichteter Eingangsbereich karolingischer, ottonischer und romanischer Kirchen.

Zellige Mosaik aus individuell geschnittenen, emaillierten Kacheln, die auf Putzmörtel zu geometrischen Mustern zusammengefügt werden; vor allem in Marokko produziert.

Zinnen Gemauerte Aufsätze eines Wehrgangs, die bei Burgenanlagen oder Festungen zu Verteidigungszwecken errichtet wurden.

Register

Illustrationen sind durch *kursiv* gesetzte Ziffern gekennzeichnet.
Haupteinträge sind durch **fett** gesetzte Ziffern gekennzeichnet.

C

D

E

F

G

L

M

N

O

P

Q

R

S

Bildnachweis

10 Bildarchiv Monheim GmbH/Alamy Stock Photo. **12** Art Kowalsky/Alamy Stock Photo. **13** F1online digitale Bildagentur GmbH/Alamy Stock Photo. **14** Andriy Kravchenko/Alamy Stock Photo. **15** Dinodia Photos/Alamy Stock Photo. **16** Robert Zehetmayer/Alamy Stock Photo. **17** Efrain Padro/Alamy Stock Photo. **18** Miguel Angel Muñoz Pellicer/ Alamy Stock Photo. **19** Andrey Khrobostov/Alamy Stock Photo. **20** mediacolor's/Alamy Stock Photo. **21** Bhaswaran Bhattacharya/Alamy Stock Photo. **22** geogphotos/Alamy Stock Photo. **23** Leonid Serebrennikov/Alamy Stock Photo. **24** Sergey Dzyuba/Alamy Stock Photo. **25** Prisma by Dukas Presseagentur GmbH/Alamy Stock Photo. **26** Andrea Matone/ Alamy Stock Photo. **27** dbimages/Alamy Stock Photo. **28** Jan Zoetekouw/Alamy Stock Photo. **29** robertharding/ Alamy Stock Photo. **30** Jon Bower Russland/Alamy Stock Photo. **31** Philip Scalia/Alamy Stock Photo. **32** Robert Zehetmayer/ Alamy Stock Photo. **33** Stephen Saks Photography/Alamy Stock Photo. **34** Granger Historical Picture Archive/Alamy Stock Photo. **35** The National Trust Photolibrary/Alamy Stock Photo. **36** Adwo/Alamy Stock Photo. **37** Novarc Images/ Alamy Stock Photo. **38** Nick Higham/Alamy Stock Photo. **39** NMUIM/Alamy Stock Photo. **40** Prisma by Dukas Presseagentur GmbH/Alamy Stock Photo. **41** Martin Bond/Alamy Stock Photo. **42** Olivier Martin Gambier/ARTEDIA/VIEW/ Alamy Stock Photo. **43** Agencja Fotograficzna Caro/Alamy Stock Photo. **44** imageBROKER/ Alamy Stock Photo. **45** NiKreative/Alamy Stock Photo. **46** Alf Ribeiro/Alamy Stock Photo. **47** Philip Scalia/Alamy Stock Photo. **48** Bildarchiv Monheim GmbH/Alamy Stock Photo. **49** Peter Scholey/Alamy Stock Photo. **50** John Lander/ Alamy Stock Photo. **51** Giovanni Guarino Photo/Alamy Stock Photo. **52** Historic Collection/Alamy Stock Photo. **54–55** mageBROKER/Alamy Stock Photo. **56–57** Constantinos Iliopoulos/Alamy Stock Photo. **58–59** ephotocorp/Alamy Stock Photo. **60–61** Angelo Hornak/Alamy Stock Photo. **62–63** JLImages/Alamy Stock Photo. **64–67** imageBROKER/Alamy Stock Photo. **68–69** Sean Pavone/Alamy Stock Photo. **70–71** TravelMuse/Alamy Stock Photo. **73** mayphotography/ Alamy Stock Photo. **74–75** Peter Sumner/Alamy Stock Photo. **76–77** Peter Horree/Alamy Stock Photo. **79** Prisma by Dukas Presseagentur GmbH/Alamy Stock Photo. **80–81** Jan Wlodarczyk/Alamy Stock Photo. **82–85** Jan Wlodarczyk/ Alamy Stock Photo. **86–87** B.O'Kane/ Alamy Stock Photo. **89** Jesse Kraft/Alamy Stock Photo. **91** Sergey Borisov/Alamy Stock Photo. **92–93** Zoonar GmbH/ Alamy Stock Photo. **95** Sergey Borisov/Alamy Stock Photo. **96–97** Stefano Politi Markovina/Alamy Stock Photo. **99** David Pearson/Alamy Stock Photo. **100–101** travelbild-asia/Alamy Stock Photo. **102–105** Elena Korchenko/Alamy Stock Photo. **106–107** Jeff Gilbert/Alamy Stock Photo. **108–109** robertharding/Alamy Stock Photo. **110–111** robertharding/Alamy Stock Photo. **112–113** Llewellyn/Alamy Stock Photo. **114–115** Ian Shaw/ Alamy Stock Photo. **116–117** The National Trust Photolibrary/Alamy Stock Photo. **119** rudi1976/Alamy Stock Photo. **121** robertharding/Alamy Stock Photo. **123** Historic Collection/Alamy Stock Photo. **124–125** Michael Brooks/Alamy Stock Photo. **126–127** Gavin Hellier/Alamy Stock Photo. **129** Ger Bosma/Alamy Stock Photo. **130–131** Iain Masterton/Alamy Stock Photo. **133** JRC, Inc. /Alamy Stock Photo. **134–137** © FLC/ADAGP, Paris and DACS, London 2019. Bildarchiv Monheim GmbH/Alamy Stock Photo. **138–139** Nick Higham/Alamy Stock Photo. **141** Philip Scalia/Alamy Stock Photo. **142–143** Dennis MacDonald/Alamy Stock Photo. **144–145** robertharding/Alamy Stock Photo. **146–147** Eric Brown/Alamy Stock Photo. **148–149** NiKreative/ Alamy Stock Photo. **150–151** Ian Dagnall/Alamy Stock Photo. **153** Nikreates/Alamy Stock Photo. **154–155** Michal Sikorski/Alamy Stock Photo. **156–157** Edmund Sumner-VIEW/ Alamy Stock Photo. **159** UMB-O/Alamy Stock Photo. **160–161** Jochen Tack/Alamy Stock Photo. **162** Jan Wlodarczyk/ Alamy Stock Photo. **164** Zoonar GmbH/Alamy Stock Photo. **165** John Kellerman/Alamy Stock Photo. **166** Jan Wlodarczyk/Alamy Stock Photo. **167** robertharding/Alamy Stock Photo. **168** JL Images/Alamy Stock Photo. **169** Trevor Smithers ARPS/Alamy Stock Photo. **170** Kavalenkava Volha/Alamy Stock Photo. **171** Stephan Stockinger/Alamy Stock Photo. **172** RooM the Agency/Alamy Stock Photo. **173** John Baran/ Alamy Stock Photo. **174** Tim Graham/Alamy Stock Photo. **175** Gaertner/Alamy Stock Photo. **176** Michael Jenner/Alamy Stock Photo. **177** Vichaya Kiatying-Angsulee/ Alamy Stock Photo. **178** Arterra Picture Library/Alamy Stock Photo. **179** JLBvdWOLF/Alamy Stock Photo. **180** John Warburton-Lee Photography/Alamy Stock Photo. **181** Christophe Cappelli/Alamy Stock Photo. **182** Hemis/Alamy Stock Photo. **183** funkyfood London - Paul Williams/Alamy Stock Photo. **184** Sean Pavone/Alamy Stock Photo. **185** Stuart Gray/Alamy Stock Photo. **186** Steve Taylor ARPS/Alamy Stock Photo. **187** Grant Smith-VIEW/Alamy Stock Photo. **188** © FLC/ADAGP, Paris and DACS, London 2019. Bildarchiv Monheim GmbH/Alamy Stock Photo. **189** Juan Jimenez/ Alamy Stock Photo. **190** Michael Bracey/Alamy Stock Photo. **192** PRISMA ARCHIVO/Alamy Stock Photo. **193** Gavin Hellier/Alamy Stock Photo. **194** Everett Collection Inc/Alamy Stock Photo. **195** Susan Pease/Alamy Stock Photo. **196** John Lander/ Alamy Stock Photo. **197** Andreas Altenburger/ Alamy Stock Photo. **198** Hercules Milas/Alamy Stock Photo. **199** robertharding/Alamy Stock Photo. **200** Tim Graham/ Alamy Stock Photo. **201** galit seligmann/Alamy Stock Photo. **202** Paul Springett 02/Alamy Stock Photo. **203** Alun Reece/ Alamy Stock Photo. **204** Realy Easy Star/Giuseppe Masci/ Alamy Stock Photo. **205** robertharding/Alamy Stock Photo. **206** Hemis/Alamy Stock Photo. **207** Arco Images GmbH/ Alamy Stock Photo. **208** Sergey Borisov/Alamy Stock Photo. **209** nagelestock.com/Alamy Stock Photo. **210** Stephen Saks Photography/Alamy Stock Photo. **211** robertharding/Alamy Stock Photo. **212** Malcolm Park editorial/Alamy Stock Photo. **213** Mark Andrews/Alamy Stock Photo. **214** Hufton+Crow-VIEW/Alamy Stock Photo. **215** Michael Bracey/Alamy Stock Photo.